Theorien des einzelwirtschaftlichen und des gesamtwirtschaftlichen Wachstums

Von

Horst Albach, Martin Beckmann,
Knut Borchardt, Wilhelm Krelle

Herausgegeben von Prof. Dr. Wilhelm Krelle

VERLAG VON DUNCKER & HUMBLOT
BERLIN 1965

Schriften des Vereins für Socialpolitik

Gesellschaft für Wirtschafts- und Sozialwissenschaften

Neue Folge Band 34

SCHRIFTEN
DES VEREINS FÜR SOCIALPOLITIK
Gesellschaft für Wirtschafts- und Sozialwissenschaften
Neue Folge Band 34

Theorien des einzelwirtschaftlichen und des gesamtwirtschaftlichen Wachstums

VERLAG VON DUNCKER & HUMBLOT
BERLIN 1965

Theorien des einzelwirtschaftlichen und des gesamtwirtschaftlichen Wachstums

Von

Horst Albach, Martin Beckmann

Knut Borchardt, Wilhelm Krelle

Herausgegeben von Prof. Dr. Wilhelm Krelle

VERLAG VON DUNCKER & HUMBLOT

BERLIN 1965

Gedruckt 1965 bei Berliner Buchdruckerei Union GmbH., Berlin 61
Printed in Germany

Vorwort des Herausgebers

Mit dem vorliegenden Band wird die Reihe der Veröffentlichungen der Referate fortgesetzt, die auf den Sitzungen des Theoretischen Ausschusses der Gesellschaft für Wirtschafts- und Sozialwissenschaften (Verein für Socialpolitik) vorgetragen und diskutiert wurden. Die Diskussion ist hier nicht festgehalten, hat aber ihre deutlichen Spuren in den vielen Änderungen und Erweiterungen der hier veröffentlichten gegenüber den ursprünglichen Fassungen hinterlassen. Die Arbeiten von Herrn *Beckmann* und Herrn *Borchardt* wurden auf der Sitzung vom 1.—3. Februar 1963 in Haus Ahlenberg, die Arbeit von Herrn *Albach* auf der Sitzung vom 16.—18. Oktober 1963 im „Erbachshof" bei Würzburg behandelt. Meine eigene Arbeit ist aus einer Diskussionsbemerkung zum Referat von Herrn Beckmann hervorgewachsen und in dieser ausführlichen Form nicht vorgetragen. Da sie aber durch das Beckmannsche Referat veranlaßt und ohne dies nicht entstanden wäre, hielt ich es für richtig, sie ebenfalls an dieser Stelle zu veröffentlichen. Leider hat sich Herr Kollege Niehans nicht entschließen können, mit seinem Diskussionsbeitrag zum Beckmannschen Referat ähnlich zu verfahren. Er ist — ebenfalls weiter ausgearbeitet — in der Zwischenzeit als gesonderter Aufsatz erschienen (Niehans, Economic Growth with Two Endogenous Factors, Quart.J. of Ec. LXXVII (1963), S. 349—371).

Bonn, September 1964

Der Vorsitzende des Theoretischen Ausschusses

W i l h e l m K r e l l e

Inhalt

Zur Theorie des wachsenden Unternehmens

Von Prof. Dr. *Horst Albach* (Bonn)

I. Problemstellung*

Die Betriebswirtschaftslehre hat das Wachstum von Unternehmen nur am Rande behandelt, wenn man von firmengeschichtlichen Arbeiten absieht[1]. Das ist um so erstaunlicher, als der gesamtwirtschaftliche Wachstumsprozeß eine eingehende Behandlung erfahren hat. Damit stellt sich die Frage, ob nicht auch von der Betriebswirtschaftslehre ein Beitrag zu diesen Fragen geleistet werden kann, denn das gesamtwirtschaftliche Wachstum wird nicht zuletzt durch das Wachstum der Unternehmen getragen.

Erste Ansätze einer modelltheoretischen Erklärung des betrieblichen Wachstums sind unter letztlich makroökonomischen Aspekten zuerst von Penrose[2] und in jüngster Zeit von Fraser[3] und Baumol[4] vorgetragen

---

* Ich danke Herrn Dipl.-Volksw. K. Brockhoff für seine Hilfe bei den Rechnungen.

1 Die erste betriebswirtschaftliche Arbeit, die der Frage des einzelwirtschaftlichen Wachstums gewidmet ist, stammt von Gutenberg: *Gutenberg,* E., Zur Frage des Wachstums und der Entwicklung von Unternehmungen, in: Festschrift für Fritz Schmidt, Berlin-Wien 1942, S. 148 ff. In jüngerer Zeit haben sich auch Hax, Wittmann und Gutenberg mit Problemen des Unternehmenwachstums beschäftigt: *Hax,* K., Unternehmungswachstum und Konzentration in der Industrie, ZfhF 1961, S. 1; ders. Industrielle Entwicklung, gesamtwirtschaftliches Wachstum und Unternemens-Wachstum, ZfhF 1964, S. 202; *Wittman,* W., Überlegungen zu einer Theorie des Unternehmenswachstums, ZfhF 1961, S. 493; *Gutenberg,* E., über den Einfluß der Gewinnverwendung auf das Wachstum der Unternehmen, ZfB. 1963, S. 193; einzelne Hinweise auf wachsende Unternehmungen finden sich auch in: *Aghte,* K., Unternehmenswachstum und Unternehmensorganisation, in: *Schnaufer,* E. und K. *Aghte* (Hrsg), Organisation, TFB Handbuchreihe, Berlin-Baden-Baden 1961, S. 463; *Engelmann, K.,* Die Lehre von der Einzelwirtschaft, Köln und Opladen 1962, Kap. IV, 6; *Jonas,* H., Leitende Gesichtspunkte für den Kapitaleinsatz im Industriebetrieb, in: *Schwarz,* H. und K. H. *Berger* (Hrsg.), Betriebswirtschaftslehre und Wirtschaftspraxis, Berlin 1961, S. 201.

2 *Penrose,* E. T., Limits to the Growth and Size of Firms, American Economic Review 1955, Papers and Proceedings, S. 531; dies., The Theory of the Growth of the Firm, Oxford 1959; vgl. auch die Besprechung dieses Werkes von A. Gustowsky in: Ordo, 13. Jg. (1962), S. 443, die den Inhalt des Buches ausführlich wiedergibt.

3 *Fraser,* H. W., A Theory of the Optimum Time Rate of Growth of the Firm, Diss. Princeton 1961.

4 *Baumol,* W. J., On the Theory of Expansion of the Firm, American Economic Review, 1962, S. 1078.

worden. Es erscheint jedoch fraglich, ob sie zu Modellen des wachsenden Unternehmens ausgebaut werden können.

Eine Theorie des wachsenden Unternehmens kann an den empirischen Analysen dieses Problems nicht vorübergehen. Im folgenden wird daher zunächst gefragt, ob empirische Untersuchungen einzelbetrieblichen Wachstums zu Ergebnissen geführt haben, die von einer mikroökonomischen Wachstumstheorie zu beachten sind. Die Ergebnisse dieser Arbeiten werden zusammengestellt und um eigene Untersuchungen ergänzt. Im zweiten Teil werden die theoretischen Erklärungsversuche mikroökonomischen Wachstums kritisch gewürdigt und ein eigenes Wachstumsmodell entwickelt, das der empirischen Überprüfung zugänglich ist. Unter Wachstum des Unternehmens wird dabei die Vergrößerung einer Maßzahl des Unternehmens (z. B. des Umsatzes, des Sachanlagevermögens, der Bilanzsumme, der Beschäftigtenzahl) über einen längeren Zeitraum verstanden. In dem langfristigen Unternehmenswachstum können einzelne Perioden auch negative Wachstumsraten der Maßzahl aufweisen.

II. Empirische Untersuchungen einzelbetrieblichen Wachstums

1. Bedingungen des einzelbetrieblichen Wachstums

a) Die Wachstumsschwelle

Empirische Untersuchungen haben gezeigt, daß die Überlebenswahrscheinlichkeit eines Unternehmens praktisch Null ist, wenn die Unternehmensgröße bei der Gründung unter dem „Existenzminimum" bleibt. Wir wollen diese minimale Unternehmensgröße als Wachstumsschwelle bezeichnen. Mayer und Goldstein nennen für die von ihnen untersuchten Kleinbetriebe ein Anfangskapital von 500 Dollar als Existenzminimum[5]. Mansfield gibt auf Grund eingehender ökonometrischer Tests die Wachstumsschwelle je nach Branche und Periode in verschiedener Höhe an. In der Automobilindustrie lag nach seinen Berechnungen die minimale Kapitalausstattung in der Periode von 1939—1949 bei 316 Millionen Dollar. In dem Zeitraum von 1949—1959 lag die Wachstumsschwelle bei 575 Millionen Dollar[6].

5 *Mayer,* K. B. und S. *Goldstein,* The First Two Years: Problems of Small Firm Growth and Survival, Small Business Administration, Washington D. C. 1961, S. 112, S. 122.

6 *Mansfield,* E., Entry, Gibrat's Law, Innovation and the Growth of Firms, American Economic Review 1962, S. 1023, hier S. 1026. Auch Simon und Bonini versuchen zu zeigen, daß eine minimale Betriebsgröße existiert. Vgl. *Simon,* H. A. und C. P. *Bonini,* The Size Distribution of Business Firms, American Economic Review, Bd. XLVIII (1958), S. 607. Wiles stellt fest, „the doctrine of optimum size of the firm must be abolished. It is quite wrong. We can only speak of the minimum tolerable size of the firm and therefore of

b) *Das Lebensalter der Unternehmen*

Die Sterblichkeitsrate der Unternehmen sinkt mit steigendem Lebensalter. Mayer und Goldstein geben die Sterblichkeit im ersten Jahr mit 34 % und im zweiten Jahr mit 16 % an[7] und verweisen darauf, daß die vergleichbaren Raten in einer gesamtamerikanischen Stichprobe bei 33 % und 14 % liegen. Nach Hutchinson und Newcomer[8] war die Sterblichkeit von Industrieunternehmen in Poughkeepsie im Staate New York in der Periode von 1844—1933 im ersten Jahr etwa doppelt so hoch wie im zweiten Jahr und lag auch im dritten Jahr unter der Sterblichkeit des zweiten Jahres. Im Einzelhandel war die Sterblichkeit höher. Tabelle 1 gibt einen Überblick über die Lebenserwartung der Unternehmen von Poughkeepsie.

Tabelle 1

Lebensdauer von Unternehmen in Poughkeepsie in drei Dreißig-Jahresperioden

1844—1933

Lebensdauer in Jahren	Prozent der Unternehmen		
	1844—1873	1874—1903	1904—1933
Einzelhandel			
bis 1	34	27	30
1 bis 2	16	13	14
2 bis 3	10	9	9
über 3	40	51	47
Großhandel			
bis 1	43	19	18
1 bis 2	14	8	9
2 bis 3	14	2	8
über 3	29	71	65
Industrie			
bis 1	25	24	22
1 bis 2	13	14	11
2 bis 3	10	12	11
über 3	52	50	56

Quelle: Hutchinson, A. R. und R. G. und M. Newcomer, Study in Business Mortality, a. a. O., S. 512. Dort werden kumulative Häufigkeiten dargestellt.

---

a long flat stretch of low costs with marginal costs roughly equal to average costs". *Wiles*, P. J. D., Price, Cost and Output, Oxford 1956, S. 212.

[7] *Mayer*, K. B. und S. *Goldstein*, The First Two Years: Problems of Small Firm Growth and Survival, a. a. O., S. 56. Die Untersuchung umfaßt 81 Unternehmen.

[8] *Hutchinson*, A. R. und R. G. und M. *Newcomer*, Study in Business Mortality, American Economic Review 1938, S. 512.

Churchill hat auf Grund von empirischem Material über nach dem zweiten Weltkrieg gegründete Unternehmen den Altersaufbau und die Lebenserwartung dieser Firmen untersucht. Der Median des Altersaufbaus lag bei diesen Unternehmen bei sieben Jahren. In der Zeit nach dem zweiten Weltkrieg hatte ein neugegründetes Unternehmen nur eine 50%ige Chance, zwei Jahre alt zu werden, eine 33%ige Chance, vier Jahre alt zu werden, während die Wahrscheinlichkeit, 10 Jahre alt zu werden, nur 20 % betrug. Auch Churchill kommt zu dem Ergebnis, daß die Lebenserwartung mit dem Alter der Unternehmen steigt[9].

c) Die Unternehmensform

Die Frage, ob die Rechtsform, in der ein Unternehmen geführt wird, eine selbständige Bedingung für das Wachstum dieses Unternehmens darstellt, ist häufig gestellt worden. Marshall hielt Kapitalgesellschaften für praktisch unsterblich. Empirische Untersuchungen haben aber zu einer erheblichen Modifikation dieser Ansicht geführt. Wiles betont, daß auch die Form der Kapitalgesellschaft „kein automatischer Reisepaß in die Unsterblichkeit“[10] ist. Anhand des von Hutchinson und Newcomer zusammengestellten Materials zeigt er, daß die Sterblichkeitsraten in dem Zeitraum von 1844—1933 für die Industrieunternehmen von Poughkeepsie 23 % im ersten und 12 % im zweiten Jahr bei allen Unternehmen gegenüber 10 % im ersten Jahr und 16 % im zweiten Jahr bei den Kapitalgesellschaften betragen. Vom dritten Jahr ab weichen die Sterblichkeitsraten nur noch unwesentlich voneinander ab. Nach etwa 6 Jahren ist auch die kumulative Sterblichkeit der Kapitalgesellschaften so hoch wie beim Durchschnitt aller Unternehmen[11].

d) Die Unternehmensgröße

Die Überlebenswahrscheinlichkeit ist eine Funktion der Unternehmensgröße. Heilmann hat für den Zeitraum von 1926—1930 berechnet, daß die durchschnittliche Lebensdauer von Unternehmen mit mehr als 500 000 Dollar Eigenkapital 33,2 Jahre, die von Unternehmen mit weniger als 2000 Dollar Eigenkapital dagegen nur 5,2 Jahre bei einem Durchschnitt von 6,6 Jahren für alle Unternehmen beträgt[12]. Ähnliche Aus-

[9] *Churchill*, B. C., Age and Life Expectancy of Business Firms, Survey of Current Business, Band 35 (December 1955), S. 15.

[10] *Wiles*, P. J. D., Price, Cost and Output, a. a. O., S. 221.

[11] Vgl. *Wiles*, P. J. D., Price, Cost and Output, a. a. O., S. 222. Das Sample umfaßte 945 Industrieunternehmen, davon 108 Kapitalgesellschaften.

[12] Vgl. *Heilmann*, E. A., Mortality of Business Firms in Minneapolis, University of Minnesota Press 1933. Der Untersuchung lagen 16 089 Unternehmen dreier Städte in Minnesota zugrunde. Vgl. auch *Wiles*, P. J. D., Price Cost and Output, a. a. O., S. 220. Das Werk von Wiles enthält zahlreiche weitere Hinweise auf statistische Untersuchungen der Lebenserwartung von Unternehmen im Anhang zu Kap. 12. Vgl. insbesondere S. 246—250.

sagen lassen sich auch aus dem reichhaltigen statistischen Material ableiten, das Kellerer seiner Analyse der Abgangsordnungen von Unternehmen zugrunde legt[13].

Die Frage, ob auch die Höhe der Wachstumsrate eines Unternehmens von seiner Größe abhängig ist, wird unterschiedlich beantwortet. Das von Gibrat aufgestellte „Gesetz der proportionalen Entwicklung" enthält die These, daß die Wahrscheinlichkeitsverteilung der Wachstumsraten von der Unternehmensgröße unabhängig ist[14]. Dieses Gesetz ist häufig Gegenstand empirischer Überprüfung gewesen. Von den älteren Autoren sind vor allem McConnell und Alexander zu nennen[15]. Sie untersuchen die Beziehungen zwischen Gewinn- und Unternehmensgröße und kommen zu dem Ergebnis, daß kleine Unternehmen im allgemeinen auch geringere Gewinne erzielen als große und daß die Streuung der Gewinne bei kleinen Unternehmen größer ist als bei Großunternehmen. Verwendet man den Gewinn als Hilfsmaßstab für die Wachstumsrate eines Unternehmens, dann widersprechen diese empirischen Arbeiten den Aussagen des Gibrat-Gesetzes. In jüngerer Zeit haben sich eine Vielzahl von Arbeiten mit der Frage nach der Gültigkeit des Gesetzes der proportionalen Entwicklung beschäftigt. Meyer und Kuh stellen für die Zeit von 1946—1950 fest, daß die kleinen Unternehmen größere Wachstumsraten als Großunternehmen aufweisen[16]. Hymer und Pashigian[17] bestätigen auf Grund eines sowohl nach Zahl der Unternehmen als auch nach Untersuchungsperioden erheblich umfangreicheren stati-

---

[13] Vgl. *Kellerer*, H., Übertragung einiger in der Bevölkerungsstatistik gebräuchlicher Begriffe und Methoden auf das Wirtschaftsleben, Einzelschriften der Deutschen Statistischen Gesellschaft, Heft Nr. 1, München 1951, S. 68 ff.; Kellerer gibt auch sehr umfassende Literaturhinweise zu den Fragen der Abgangsordnungen von Unternehmen, die sich nicht nur auf amerikanische, sondern auch auf englische, schweizerische, italienische und deutsche Unternehmen beziehen. Auch Steindl belegt die Aussage, daß die Sterblichkeitsrate und Unternehmensgröße korrellieren, mit umfangreichem statistischem Material. Vgl. *Steindl*, J., Small and Big Business, Economic Problems of the Size of Firms, Oxford 1947, S. 6 f.

[14] Das Gesetz enthält also die Behauptung einer log-Normalverteilung der Unternehmensgrößen. Vgl. *Gibrat*, R., Les Inégalités Economiques, Paris 1931; siehe auch die englische Übersetzung der Kap. V—VII in: *Gibrat*, R., On Economic Inequalities, in: Peacock et al. (Hrsg.) International Economic Papers Nr. 7, London-New York 1957, S. 53. Gibrat wendet die log-Normalverteilung selbst auf die Verteilung der Unternehmensgrößen an: Beispiel II in: On Economic Inequalities, a. a. O., S. 57 u. S. 66 ff.

[15] Vgl. *McConnell*, J., 1942, Corporate Profits by Size of Firm, Survey of Current Business, January 1946, S. 10; *Alexander*, S. S., The Effect of the Size of Manufacturing Corporation on the Distribution of the Rate of Return, Review of Economics and Statistics 31 (1949), S. 229; vgl. auch *Prais*, S. J., Size, Growth and Concentration, in: *Tew*, B. und R. F. *Henderson* (Hrsg.), Studies in Company Finance, Cambridge, Mass. 1959, S. 108 ff.

[16] *Meyer*, J. R. und E. *Kuh*, The Investment Decision, Cambridge Mass., 1957, S. 161 ff.

[17] *Hymer*, St. und P. *Pashigian*, Firm Size and Rate of Growth, Journal of Political Economy, Bd. LXX (1962), S. 556.

stischen Materials[18] Gibrat's Gesetz: „Die Analysen lassen den Schluß zu, daß zwischen den Wachstumsraten großer und kleiner Unternehmen keine signifikanten Unterschiede bestehen[19].“ Hart und Prais haben Gibrat's Gesetz anhand einer Stichprobe von an der Londoner Börse notierten Unternehmen für die Zeit von 1885—1950 überprüft und fanden es bestätigt[20]. Mansfield dagegen kommt nach eingehender Überprüfung des Gesetzes zu dem Ergebnis, daß die kleinen Unternehmen, die überleben, im allgemeinen höhere Wachstumsraten haben als die Großunternehmen[21]. Mayer und Goldstein fanden dagegen keine Beziehung zwischen Unternehmensgröße und Wachstumsraten[22]. Ihre Stichprobe umfaßte 81 kleine, neugegründete Unternehmen.

In den genannten empirischen Untersuchungen wird von einer konstanten Zahl von Unternehmen ausgegangen. Gründungen und Auflösungen von Unternehmen werden nicht berücksichtigt. Einen ersten Versuch, das Gesetz der proportionalen Entwicklung unter Berücksichtigung von Neugründungen zu überprüfen, haben Simon und Bonini unternommen[23]. Sie gehen von der Annahme einer konstanten Eintrittsrate junger Unternehmen aus. Diese Unternehmen werden mit einer über der für das Überleben erforderlichen Mindestgröße liegenden Größe gegründet. Das Gibrat-Gesetz wäre dann erfüllt, wenn die tatsächlichen Unternehmensgrößen Yule-verteilt (und nicht log-normal verteilt) sind. Simon und Bonini kommen auf Grund ihrer Untersuchung der 500 größten Unternehmen der Vereinigten Staaten von Amerika für den Zeitraum von 1954 bis 1956 zu dem Ergebnis, daß zwischen den Wachstumsraten kleinerer und größerer Unternehmen innerhalb dieser Gruppe der größten Unternehmen keine signifikanten Abweichungen bestehen. Ihre Arbeit scheint also das Gesetz der proportionalen Entwicklung zu bestätigen. In einer jüngeren Arbeit äußern Ijiri und Simon[24] jedoch Zweifel an der methodischen Richtigkeit einer Anpassung von Yule- oder Gibrat-Verteilungen an die tatsächlichen Verteilungen. Da es nach ihrer Auffassung bisher keinen befriedigenden Weg gibt, die Übereinstimmung einer tatsächlichen Verteilung mit einem

---

[18] Sie untersuchten die 1000 größten Unternehmen der USA (nach dem Stand vom Dezember 1946) für den Zeitraum von 1946—1955.

[19] Ebendort, S. 561.

[20] *Hart,* P. E. und S. J. *Prais,* The Analysis of Business Concentration, Journal of the Royal Statistical Society 1956, Teil II, S. 150; vgl. auch *Adelman,* I. G., A Stochastic Analysis of the Size Distribution of Firms, Journal of the American Statistical Association 53 (1958), S. 903.

[21] *Mansfield,* E., Entry, Gibrat's Law, Innovation and the Growth of Firms, a. a. O., S. 1034.

[22] *Mayer,* K. B. und S. *Goldstein,* The first two Years: Problems of Small Firm Growth and Survival, a. a. O., S. 86.

[23] Vgl. *Simon,* H. A. und C. P. *Bonini,* The Size Distribution of Business Firms, American Economic Review, Bd. IIL (1958), S. 607.

[24] *Ijiri,* Y. und H. A. *Simon,* Business Firm Growth and Size, American Economic Review, Bd. LIV (1964), S. 77.

Verteilungsgesetz zu messen, lassen sie die Ergebnisse nur dann als vertretbar gelten, wenn sie mit plausiblen Annahmen arbeiten. Da die Annahmen der Gibrat-Verteilung aber, wie bereits Gibrat selbst bemerkte, in Widerspruch zu bestimmten empirischen Beobachtungen wie z. B. derjenigen stehen, daß die Streuung der Wachstumsraten mit zunehmender Unternehmensgröße abnimmt, ersetzen Ijiri und Simon das einfache Modell eines Firmenwachstums, in dem die Wachstumsraten von der Unternehmensgröße unabhängig sind, durch ein Modell, in dem die Wachstumsraten der Unternehmen von ihren Wachstumsraten in der Vergangenheit abhängen. Auch unter dieser Annahme, die erheblich von der Gibrat-Annahme abweicht, ergeben sich Verteilungen der Unternehmensgrößen, die der Lognormalverteilung bzw. der Yule-Verteilung „sehr ähnlich" sehen. Das von Ijiri und Simon entwickelte stochastische Modell zeigt, daß auch andere Annahmen über den zugrunde liegenden stochastischen Prozeß zu Verteilungen der Unternehmensgrößen führen, die die empirischen Verteilungen gut wiedergeben. Ob man daraus aber den Schluß ziehen darf, daß dadurch „das Vertrauen in die stochastischen Modelle gestärkt wird"[25], erscheint sehr zweifelhaft. Die Beschreibung des Firmenwachstums durch einen Zufallsprozeß läßt für die Kausalanalyse keinen Raum. Beim Unternehmenswachstum wirken aber Entscheidungskraft der Unternehmensführung und Glück, Kausalfaktoren und Zufall, unlösbar zusammen.

Eigene Untersuchungen auf Grund einer Stichprobe von 100 an der Börse notierten deutschen Aktiengesellschaften für den Zeitraum von 1953—1960 lassen den Schluß zu, daß die größten deutschen Unternehmen in dieser Periode höhere Wachstumsraten aufweisen als die kleineren Unternehmen. In dem Beobachtungszeitraum von 1953—1960 lag die durchschnittliche Wachstumsrate des Nettoanlagevermögens bei den Unternehmen mit einem Eigenkapital von mehr als 2 Millionen DM etwa doppelt so hoch wie bei den Unternehmen mit einem Eigenkapital von weniger als 2 Millionen DM. Bei der Beurteilung dieses Ergebnisses muß aber beachtet werden, daß es sich bei meinen Berechnungen um Wachstumsraten des ausgewiesenen Nettoanlagevermögens handelt, bei Hymer und Pashigian um Wachstumsraten des Gesamtvermögens und bei Mansfield um Wachstumsraten des Umsatzes. Umsatzzahlen konnten bei meinen Berechnungen nicht herangezogen werden, da die Umsätze erst seit dem Jahresabschluß 1960 veröffentlicht werden, so daß die Zeitreihen der Umsätze für Wachstumsanalysen zu kurz sind. Da die veröffentlichten Zahlen Werte des Anlagevermögens sind, ist in den Wachstumsraten auch die Reinvestitionsrate enthalten. Die Zahlen sind also nur mit Vorbehalt als Ausdruck des Unternehmenswachstums interpretierbar.

---

[25] *Ijiri*, Y. und H. A. *Simon*, Business Firm Growth and Size, a. a. O., S. 78.

Tabelle 2

Die Beziehung zwischen Unternehmensgröße (gemessen am Eigenkapital) und Wachstumsrate des Anlagevermögens 100 börsennotierte deutsche Aktiengesellschaften

1953—1960

durchschnittliche jährliche Wachstumsrate \ Eigenkapital	EK zwischen 0 und 2 Mill.	EK zwischen 2 Mill. u. 10 Mill.	EK größer als 10 Mill.	gesamt
unter — 10 %	1	—	—	1
— 10 % bis unter — 5 %	—	—	—	—
— 5 % bis unter — 0 %	—	—	—	—
0 bis unter 5 %	14	15	9	38
5 bis unter 10 %	5	10	12	27
10 bis unter 20 %	4	14	10	28
20 bis unter 40 %	1	3	2	6
40 bis unter 60 %	—	—	—	—
60 und über 60 %	—	—	—	—
Durchschnittliche Wachstumsrate	4,7 %	9,6 %	9 %	8,1 %
Häufigste Wachstumsrate (Klassenmitte)	2,5 %	2,5 %	7,5 %	2,5 %
Zahl der Unternehmen	25	42	33	100

Größere Übereinstimmung besteht bei der Frage nach dem Zusammenhang von Unternehmensgröße und Schwankungen der Wachstumsrate. Simon und Bonini[26] und Hart und Prais[27] konnten keine inverse Relation feststellen. Mansfield[28], Hymer und Pashigian[29], Alexander[30], Meyer und Kuh[31] und McConnell[32] weisen dagegen übereinstimmend nach, daß die Wachstumsraten kleinerer Unternehmen stärker schwan-

[26] *Simon,* H. A. und C. P. *Bonini,* The Size Distribution of Business Firms, American Economic Review, a. a. O.

[27] *Hart,* P. E. und S. J. *Prais,* The Analysis of Business Concentration, Journal of the Royal Statistical Society, a. a. O.

[28] *Mansfield* E., Entry, Gibrat's Law, Innovation and the Growth of Firms, a. a. O.

[29] *Hymer,* S. und P. *Pashigian,* Firm Size and Rate of Growth, Journal of Political Economy.

[30] *Alexander,* S., The Effect of the Size of Manufacturing Corporation on the Distribution of the Rate of Return, Review of Economics and Statistics, Bd. XXXI (1949), S. 229.

[31] *Meyer,* J. R. and E. *Kuh,* The Investment Decision, Cambridge 1957, S. 163 ff.

[32] *McConnell,* J., 1942 Corporate Profits by Size of Firm, a. a. O., S. 10.

ken als die Wachstumsraten der Großunternehmen. Wie Tabelle 3 zeigt, scheint auch das von mir benutzte Zahlenmaterial über deutsche Aktiengesellschaften eine Bestätigung dieses Befundes zu sein.

Tabelle 3

Die Streuung der Wachstumsraten bei unterschiedlicher Unternehmensgröße 100 börsennotierte deutsche Aktiengesellschaften

1953—1960

Maß der Streuung \ Eigenkapital	EK zwischen 0 und 2 Mill.	EK zwischen 2 Mill. und 10 Mill.	EK größer als 10 Mill.	gesamt
Varianz	0,00955	0,00514	0,00551	0,00678
Standardabweichung ...	0,09773	0,0717	0,07425	0,08234
Variationskoeffizient ...	208 %	75 %	83 %	100 %
Zahl der Unternehmen	25	42	33	100

Über die Beziehungen zwischen Unternehmensgröße und Ausbildungsniveau der Führungskräfte im Unternehmen liegen bisher, soweit ich sehe, keine Veröffentlichungen vor. Nach bisher nicht veröffentlichten Untersuchungen von Stratoudakis am Center of Economic Research in Athen scheint aber die Hypothese haltbar, daß eine Beziehung zwischen der Unternehmensgröße und dem Ausbildungsniveau der leitenden Kräfte besteht. Stratoudakis hat in einem sample von 150 griechischen Unternehmen eine enge Korrelation zwischen Ausbildungsniveau und Unternehmensgröße nachgewiesen.

2. Empirische Untersuchungen des Wachstumsverlaufes

a) Stetigkeit des Wachstumsverlaufes

Eine empirische Analyse der Wachstumsverläufe von Unternehmen zeigt, daß sich die Entwicklung nicht stetig, sondern in Wachstumsschüben vollzieht. Das Ausmaß dieser Wachstumsschübe ist von Jahr zu Jahr außerordentlich verschieden.

Tabelle 4 gibt die mittlere Wachstumsrate von sechs Unternehmen der Automobilbranche und ihre geringsten und höchsten Wachstumsraten in den Jahren 1953—1961 wieder.

Tabelle 4

Wachstumsrate in der Automobilindustrie 1953—1961

in %

Unternehmen	Niedrigste Wachstumsrate	Mittlere Wachstumsrate	Höchste Wachstumsrate
Ford	– 2,0	40,0	67,6
VW	15,6	34,7	80,7
Opel	– 8,3	24,5	56,8
Daimler-Benz	0,9	23,0	52,6
NSU	– 1,7	12,5	30,6
BMW	– 4,8	4,3	11,5

Ebenso eindrucksvoll ist die Verteilung der Wachstumsraten der 100 deutschen Aktiengesellschaften in meiner Stichprobe in den einzelnen Jahren, die aus der nachstehenden Tabelle 5 hervorgeht.

Tabelle 5

Wachstumsraten in der Stichprobe
100 deutsche Aktiengesellschaften

1953—1960

in %

Wachstumsrate \ Jahr	1954	1955	1956	1957	1958	1959	1960
Bis unter – 10 %	2	3	3	3	4	7	2
– 10 % bis unter – 5 %	5	4	2	5	11	10	11
– 5 % bis unter 0 %	22	14	21	19	25	18	16
0 % bis unter 5 %	26	16	22	27	27	19	25
5 % bis unter 10 %	10	17	11	23	10	20	15
10 % bis unter 20 %	19	20	20	12	16	16	17
20 % bis unter 40 %	11	14	14	9	6	9	8
40 % bis unter 60 %	4	6	5	1	1	–	4
60 % und darüber	1	6	2	1	–	1	2

Die starke Variabilität der Einzeldaten um den Mittelwert der Wachstumsrate geht auch aus den Momenten der Häufigkeitsverteilung über die Wachstumsraten hervor (Tabelle 6).

Tabelle 6

Mittlere Wachstumsrate des Anlagevermögens und Streuungsmaße 100 deutsche Aktiengesellschaften

Jahr	Mittlere Wachstumsrate in % (100 $\bar{x}$)	Varianz σ^2	Standardabweichung σ	Variationskoeffizient $\frac{\sigma}{\bar{x}}$
1953–1954	8,4	0,02761	0,1661	198 %
1954–1955	14,4	0,03959	0,1990	138 %
1955–1956	11,2	0,03058	0,1749	156 %
1956–1957	6,2	0,01498	0,1225	198 %
1957–1958	3,4	0,01225	0,1107	325 %
1958–1959	5,0	0,01028	0,1013	202 %
1959–1960	8,2	0,02180	0,1476	180 %

Diese starken Schwankungen in den jährlichen Wachstumsraten legen es nahe, den betrieblichen Wachstumsprozeß nicht als eine stetige, gleichgewichtige Entwicklung, sondern als einen unstetigen Vorgang zu sehen. Diese Entwicklung in Wachstumsschüben ist das Ergebnis des Wechselspiels zwischen Wachstumsimpulsen und Wachstumshemmnissen.

b) *Wachstumsimpulse*

Einer der wichtigsten Wachstumsimpulse ist der technische Fortschritt. Zwischen Unternehmensgröße, Forschungsaufwand und Wachstumsrate scheinen nach dem bisher vorliegenden Material enge Beziehungen zu bestehen[33]. Nach gründlicher Untersuchung des Verhältnisses von Umsatzhöhe und Forschungstätigkeit kommt Horowitz zu dem Ergebnis: „Es scheint empirisch gerechtfertigt zu behaupten, daß die Größe eines Unternehmens seine Forschungstätigkeit begünstigt, wenngleich zugegeben werden muß, daß die Beziehung auch umgekehrt sein könnte[34]." Die Wachstumsraten von Unternehmen, die erfolgreiche Neuerungen einführen, sind größer als die der anderen Unternehmen. Mansfield gibt die durchschnittlichen Wachstumsraten der Unternehmen mit erfolgreichen Forschungsinvestitionen gegenüber den anderen Unternehmen wie folgt an[35].

---

[33] Vgl. hierzu auch *Brockhoff*, K., Forschungsaufwendungen industrieller Unternehmen, ZfB 34 (1964), S. 327, vor allem S. 335 ff.

[34] *Horowitz*, I., Firm Size and Research Activity, Southern Economic Journal 1962, S. 299. Auf diesen Punkt hat Steindl bereits 1947 hingewiesen. Vgl. *Steindl*, J., Small and Big Business, a. a. O., S. 17.

[35] *Mansfield*, E., Entry, Gibrat's Law, Innovation and the Growth of Firms, a. a. O., S. 1037.

Tabelle 7

Durchschnittliche jährliche Wachstumsrate des Umsatzes in %

	Stahlindustrie				Ölindustrie			
	1916–1926	1926–1935	1935–1945	1945–1954	1921–1927	1927–1937	1937–1947	1947–1957
Unternehmen mit Neuerungen	13,7	6,5	3,4	3,2	13,1	7,9	3,6	6,7
Andere Unternehmen	3,7	3,3	2,0	2,4	6,6	4,1	3,6	4,2

Dieses Ergebnis läßt sich auch mit gewissen Einschränkungen an deutschem Material anschaulich machen. Vergleicht man die durchschnittlichen Wachstumsraten in der Automobilindustrie mit den durchschnittlichen Wachstumraten der Unternehmen in meiner Stichprobe, so ergibt sich folgendes Bild:

Tabelle 8

Jährliche Wachstumsrate des Anlagevermögens in %

1953—1960

Jahr	Automobil-industrie[a)]	Stich-probe[b)]	Verhältnis der Wachs-tumsraten	Wachstums-rate des Bruttosozial-produkts[c)]
1953–1954	20,2	8,4	2,41	7,5
1954–1955	33,5	14,4	2,33	14,0
1955–1956	32,1	11,2	2,87	10,2
1956–1957	10,3	6,2	1,66	8,8
1957–1958	15,9	3,4	4,68	7,0
1958–1959	20,8	5,0	4,16	8,5
1959–1960	25,5	8,2	3,11	13,9
1960–1961	24,7	—	—	—

a) Durchschnittliche Wachstumsrate des Anlagevermögens der Firmen Volkswagenwerk, Daimler-Benz, Ford, NSU, BMW, Opel.

b) Durchschnittliche Wachstumsrate des Anlagevermögens einer Zufallsstichprobe von 100 börsennotierten deutschen Aktiengesellschaften aus Salings Aktienführer 1953 bis 1960.

c) $BSP_t/BSP_{t-1} - 1 = WR_t$. *Quelle:* Monatsberichte der Deutschen Bundesbank (14. Jahrgang) März 1962, S. 87. Einzelangaben enthält die Tabelle 12.

Die Wachstumsraten in der Automobilindustrie sind in jedem Jahr des Untersuchungszeitraumes beträchtlich höher als die Wachstumsraten der Stichprobe. Daß es sich bei der Abweichung der Wachstumsraten der Automobilindustrie um systematische Abweichungen handelt, läßt sich zeigen, wenn man das Konfidenzintervall für die durchschnittliche Wachstumsrate der Stichprobe berechnet.

Tabelle 9

Mittlere Wachstumsrate des Anlagevermögens und Konfidenzintervall in %
Irrtumswahrscheinlichkeit 4,5 %

100 börsennotierte deutsche Aktiengesellschaften

1953—1960

Jahr	Untere Konfidenzschranke	Mittlere Wachstumsrate	Obere Konfidenzschranke	Verhältnis der Wachstumsrate der Automobilindustrie zur oberen Konfidenzschranke
1953–1954	5,1	8,4	11,7	1,78
1954–1955	10,4	14,4	18,4	1,82
1950–1956	7,7	11,2	14,7	2,18
1956–1957	3,7	6,2	8,7	1,18
1956–1958	1,2	3,4	5,6	2,84
1958–1959	3,0	5,0	7,0	2,98
1959–1960	5,2	8,2	11,2	2,28

Die Wachstumsraten der Automobilindustrie liegen stets außerhalb des Konfidenzintervalls für den Mittelwert der Wachstumsraten der Stichprobe. Sie sind im allgemeinen etwa doppelt so groß wie die obere Konfidenzschranke. Es scheint daher nicht unberechtigt, dieses Wachstum neben dem Trend zur Motorisierung in Deutschland auch auf den stärkeren innovatorischen Effekt in diesem Industriezweig gegenüber dem Durchschnitt der deutschen Aktiengesellschaften zurückzuführen.

Der Nachweis dafür, daß die Wachstumsraten von Unternehmen, die erfolgreiche Neuerungen einführen, größer sein müssen als die Wachstumsraten von Unternehmen, die keine Forschung tätigen oder deren Forschungstätigkeit zu Fehlentwicklungen führt, läßt sich auch an einem einfachen Modell theoretisch erbringen.

Es seien

r — Wachstumsrate des Unternehmens, gemessen am Umsatz

E — Umsatz

K — Bilanzsumme (Aktivseite), gebundenes Kapital

F — Bilanzsumme (Passivseite), Finanzierung

a — Umschlagsdauer des Kapitals

S — Selbstfinanzierung

s — Selbstfinanzierungsrate als Bruchteil des Umsatzes

x — Ausbringung in Mengeneinheiten

I — Investition
M — Anschaffungskosten für Maschinen, Vorräte, liquide Mittel
D — Forschungsausgaben
δ — Forschungsrate als Bruchteil der Selbstfinanzierung
π — Erfolgswahrscheinlichkeit von Forschungsausgaben

Es werden drei Prämissen gesetzt

1. Der Preis des Produktes ist im Wachstum konstant und beträgt 1 DM.
2. Das Unternehmen finanziert sein Wachstum nur von innen heraus. Außenfinanzierung wird nicht vorgenommen.
3. Die Selbstfinanzierungsrate ist konstant und beträgt s.

Das Wachstum des Unternehmens ohne Forschungsausgaben kann dann durch das folgende Modell wiedergegeben werden:

Definitionen:

Wachstumsrate (1) $r = \frac{dE}{dt} = \frac{dx}{dt}$

Investition (2) $I = \frac{dK}{dt}$

Umschlagsdauer des Kapitals (3) $a = \frac{K}{E}$

Verhaltensfunktionen:

Selbstfinanzierung (4) $S = sE$

Investition (5) $\frac{dK}{dt} = a\frac{dE}{dt}$

Wachstumsbedingungen:

Bilanzgleichgewicht (6) $K = F$

Finanzielles Gleichgewicht (7) $I = S$

Aus (1) ergibt sich unter Berücksichtigung von (5), (2), (7) und (4)

(8) $r = \frac{s}{a}E$

Das heißt, die Wachstumsrate des Unternehmens hängt von der Höhe des Umsatzes E, von der Selbstfinanzierungsrate s und von der Umschlagshäufigkeit $\frac{1}{a}$ des Kapitals ab.

Das Wachstum des Unternehmens mit Forschungsausgaben läßt sich nun durch eine einfache Erweiterung des dargestellten Modells ableiten.

Zu den Definitionen (1) bis (3) tritt die Definition (9) hinzu:

Investitionsarten (9) $I = M + D$

Die Wirkung der Forschung äußert sich in einer Erhöhung der Umschlagshäufigkeit des Kapitals bzw. in einer Senkung der Umschlagsdauer. Sie wird durch den Ausdruck (10) beschrieben.

Veränderung der Umschlagsdauer (10) $a = a^{o}\, e^{-\pi D}$

Die Gleichungen (5) und (7) werden modifiziert

Investition (11) $M = a \frac{dE}{dt}$

Finanzielles Gleichgewicht (12) $M + D = S$

Aus (1) erhält man unter Berücksichtigung von (11), (10), (12) und (4)

$$(13) \quad r = \frac{1}{a^{o}} \left[sE - D \right] e^{\pi D}$$

Wie man leicht sieht, geht (13) für $D = 0$ in (8) über. Die Forschung hat offenbar einen doppelten Effekt: Über den Ausdruck $\frac{s}{a^{o}} Ee^{\pi D}$ wirkt sie wachstumsfördernd, während der Ausdruck $\frac{1}{a^{o}} De^{\pi D}$ die wachstumshemmende Komponente wiedergibt. Die Wachstumsrate hängt von der Erfolgswahrscheinlichkeit der Forschungsausgaben und der Höhe der Forschungsausgaben ab. Schon aus (13) ergibt sich, daß die Wachstumsrate eines Unternehmens, das erfolgreich Neuerungen einführt, bei dem also π groß ist, ceteris paribus größer sein muß als die Wachstumsrate eines Unternehmens, das Fehlentwicklungen tätigt ($\pi = 0$). Dieses Ergebnis läßt sich noch einfacher darstellen, wenn man davon ausgeht, daß die Unternehmen nach maximalem Wachstum streben. Dann gilt:

$$(14) \quad r = \frac{1}{a^{o}} \left[sE - D \right] e^{\pi D} => \max$$

Die notwendige Bedingung für ein Maximum von r ist[36]

$$(15) \quad \frac{dr}{dD} = 0$$

Daraus erhält man die Bedingungsgleichung

$$(16) \quad D = sE - \frac{1}{\pi}$$

Bezeichnet man den Anteil der Selbstfinanzierung, der für die Forschung verwandt wird, mit δ, so ergibt sich

$$(17) \quad \delta = 1 - \frac{1}{\pi S}$$

Dabei ist a^{o} so gewählt, daß für $\delta = 0$ $\frac{1}{\pi S} = 1$ ist. Die optimale Forschungsrate und damit die maximale Wachstumsrate des Unternehmens

---

[36] Die hinreichende Bedingung ist $\frac{d^{2}r}{dD^{2}} = \pi M - 2 < 0$.

hängen von π ab. Je kleiner π, desto kleiner ist bei gegebener Selbstfinanzierung die optimale Forschungsrate und entsprechend die maximale Wachstumsrate.

Arbeiten des Stanford Research Institute haben gezeigt, daß die Sterblichkeitsrate bei denjenigen Unternehmen, die sich schnell entschließen, eine technische Neuerung einzuführen, insbesondere neue Produkte in das Fertigungsprogramm aufzunehmen, die durch die technische Entwicklung möglich werden, niedriger ist als bei denjenigen Unternehmen, die eine solche Entscheidung hinauszögern[37]. Nach einer Untersuchung von Mansfield[38] entschließen sich Großunternehmen schneller als Kleinunternehmen, neue Verfahren einzusetzen. Folglich könnte die höhere Sterblichkeitsrate kleiner Unternehmen aus der Tatsache erklärt werden, daß die dynamischen Unternehmer, die technische Neuerungen durchsetzen, im allgemeinen nicht in der Klein- und Mittelindustrie zu finden sind! Auf die Beziehung zwischen Unternehmenswachstum und Diversifikation weist auch Agthe hin[39].

Wachstum vollzieht sich nicht nur infolge von Neuerungen, die in dem bestehenden Unternehmen entwickelt und eingeführt werden. Vielfach ist es möglich, das Produktionsprogramm durch Erwerb von bzw. Zusammenschluß mit anderen Unternehmen zu vergrößern. Penrose[40] und Weston[41] sprechen in diesen Fällen von einem externen Wachstum bzw. einem Wachstum durch Kauf und Fusion. Streng genommen liegt hier Wachstum nur im einzelbetrieblichen Sinne vor. Volkswirtschaftlich handelt es sich dagegen um Konzentration. Da im folgenden die Angliederung bereits bestehender Werke als gleichbedeutend mit der Angliederung neuer Produktionszweige innerhalb des Unternehmens an-

---

[37] Vgl. Stanford Research Institute, Planning in Business, Menlo Park 1963, S. 8; vgl. auch *Green*, E. J., Planning for Profits and Growth, in: Stanford Research Institute, Planning for Industrial Growth, Menlo Park 1963. Auf die eng damit zusammenhängende Verbreiterung oder Vertiefung des Sortiments (Diversification) weist Young besonders hin. Vgl. *Young*, R. B., Keys to Corporate Growth, Harvard Business Review, Bd. 39 (1960), Nr. 6, S. 51, bes. S. 57 ff. Siehe hierzu ferner: *Kenessey*, V., Langfristige Wachstumsfaktoren und das unternehmerische Wachstum, Industrielle Organisation, 32. Jg. (1963), Nr. 4, S. 105—110.

[38] *Mansfield*, E., The Speed of Response of Firms to New Techniques, Quarterly Journal of Economics, Bd. LXXVII (1963), S. 290. Die Verzögerung hängt ferner von der Rentabilität der Investition in neuen Verfahren ab, während die Wachstumsrate, die Liquidität, die Gewinnentwicklung und das Alter des Unternehmens keinen statistisch signifikanten Einfluß haben.

[39] Vgl. *Agthe*, K., Unternehmenswachstum und Unternehmensorganisation, in: *Schnaufer*, E. u. K. *Agthe* (Hrsg.) Organisation, a. a. O., S. 463; siehe auch: *Powlison*, K., Obstacles for Business Growth, in: *Ewing*, D. W., Long-Range Planning for Management, New York 1958, S. 407 ff.

[40] *Penrose*, E. T., The Theory of the Growth of the Firm, a. a. O., besonders Kap. VIII.

[41] *Weston*, J. F., The Role of Mergers in the Growth of Large Firms, Berkeley and Los Angeles 1953, bes. Kap. 2 und Kap. 5.

gesehen werden soll, erscheint die Bezeichnung „Wachstum" betriebswirtschaftlich auch bei Fusion und Erwerb von Unternehmen gerechtfertigt. Eine genaue Unterscheidung von externem und internem Wachstum ist für empirische Untersuchungen notwendig. Wird nämlich jeweils das größere Unternehmen als das wachsende und das kleinere Unternehmen als das untergehende Unternehmen behandelt, so würden ohne eine Unterscheidung von externem und internem Wachstum die Wachstumsraten der Großunternehmen überschätzt.

Weston hat Untersuchungen über das Verhältnis von internem und externem Wachstum bei 74 amerikanischen Unternehmen durchgeführt. Der Untersuchungszeitraum umfaßt die Jahre 1900—1948. Über den gesamten Zeitraum zeigt sich[42], daß 20,3 % des gesamten Wachstums in der Periode auf Fusionen und Aufkäufe zurückgeführt werden können. 79,7 % des Wachstums erfolgten von innen heraus. Interessant ist auch die Streuung um diesen Wert, die aus der nachstehenden Häufigkeitsverteilung abgelesen werden kann.

Tabelle 10

Häufigkeitsverteilung des Externen Wachstums in Prozent des gesamten Wachstums

Externes Wachstum in Prozent des gesamten Wachstums	Zahl der Unternehmen		Prozent d. Unternehmen	
	einzeln	kumulativ	einzeln	kumulativ
0– 4,9	13	13	24,5	24,5
5– 9,9	11	24	20,5	45,3
10–14,9	5	29	9,4	54,7
15–19,9	5	34	9,5	64,2
20–24,9	2	36	3,7	67,9
25–29,9	3	39	5,7	73,6
30–34,9	2	41	3,8	77,4
35–39,9	1	42	1,8	79,2
40–44,9	3	45	5,7	84,9
45–49,9	2	47	3,8	88,7
50–54,9	2	49	3,8	92,5
55–59,9	1	50	1,8	94,3
60–64,9	3	53	5,7	100,0

67,9 % haben also mehr als 75 % ihres gesamten Wachstums von innen heraus erzielt, und nur 11,3 % der Unternehmen haben ihr Wachs-

[42] *Weston*, J. F., The Role of Mergers in the Growth of Large Firms, a. a. O., S. 14. Die Zahlen sind aus Tabelle 2 abgeleitet. Das Meßverfahren B, nach dem das Anfangsvermögen der Unternehmen als Ausgangsbasis für die Berechnung des Wachstums angesehen wird, erscheint am sinnvollsten. Die Zahlen beruhen daher auf den unter Fall B für die Gruppen I und II angegebenen Zahlen. Diese beiden Gruppen umfassen 53 Unternehmen.

tum zu mehr als 50 % durch Fusionen und Aufkäufe ermöglicht. Für die theoretische Analyse des betrieblichen Wachstums ist die Frage entscheidend, ob Fusionen von Unternehmen eine selbständige, d. h. neben den internen Wachstumsfaktoren wie Forschung und Produktentwicklung zu beachtende Wachstumsursache darstellen. Weston läßt diese Frage offen: „Der Einfluß einer Fusion auf das Wachstum des Unternehmens *nach der* Fusion kann sehr unterschiedlich sein ... Es ist schwer, hierüber verläßliche Aussagen zu machen[43].“ Hymer und Pashigian zeigen, daß der Konzentrationsgrad in der Branche keinen statistisch signifikanten Einfluß auf die betriebliche Wachstumsrate hat[44]. Mit aller gebotenen Vorsicht darf daher bei der theoretischen Analyse die Hypothese verwandt werden, daß Fusionen nur eine bestimmte Form der Verbreiterung des Produktionsprogramms und der Fertigungsmöglichkeiten sind, nicht aber einen Wachstumsfaktor per se darstellen.

c) *Wachstumshemmnisse*

Eines der wichtigsten Wachstumshemmnisse ist die Kapitalknappheit. Der Frage, welchen Einfluß die Ausstattung der Unternehmen mit Eigenkapital für den Verlauf ihres Wachstums hat, ist gerade in jüngster Zeit besondere Aufmerksamkeit gewidmet worden[45]. Die Eigenfinanzierung ist eine wichtige Strukturkomponente des betrieblichen Wachstums. Sie ist aber teils Folge des betrieblichen Wachstums, teils ist sie Ursache und Vorbedingung für das betriebliche Wachstum. Aus dem Vergleich der Wachstumsraten von Anlagevermögen und Eigenkapital ergibt sich im wesentlichen ein Gleichschritt in der Richtung der Wachstumsraten. Die Tatsache, daß die durchschnittlichen Wachstumsraten des Eigenkapitals hinter den Wachstumsraten des Anlagevermögens zurückbleiben, entspricht den bekannten Finanzierungsgewohnheiten der deutschen Industrie in der Zeit nach dem zweiten Weltkrieg[46]. Die stärkste Diskrepanz zwischen den Wachstumsraten des Anlagevermögens und des Eigenkapitals zeigt sich interessanterweise in der Eigen-

---

[43] *Weston*, J. F., The Role of Mergers in the Growth of Large Firms, a. a. O., S. 8. Nach *Dewing*, A. S., A Statistical Test of the Success of Consolidations, Quarterly Journal of Economics, Bd. 36 (1921), S. 84. Vgl. zu einer sorgfältigen Analyse dieser und anderer Arbeiten über die Wirkung von Fusionen: *Weston*, J. F., The Role of Mergers in the Growth of Large Firms, a. a. O., S. 66 ff.; siehe ferner: *Weston*, J. F., Planning for Corporate Merger, California Management Review, 1963, S. 25; *Ansoff*, H. I. u. J. F. *Weston*, Merger Objectives and Organization Structure, The Quarterly Review of Economics and Business, 1962, S. 49.

[44] *Hymer*, S. und P. *Pashigian*, Firm Size and Rate of Growth, Journal of Political Economy, a. a. O., S. 563 ff.

[45] Vgl. hierzu *Gutenberg*, E., Über den Einfluß der Gewinnverwendung auf das Wachstum der Unternehmen, ZfB 1963, S. 193 ff.

[46] Vgl. hierzu auch die Arbeit des Verfassers: Zur Finanzierung von kapitalgesellschaften durch ihre Gesellschafter, Zeitschrift für die gesamte Staatswissenschaft 1962, S. 653, hier S. 668 ff.

kapitalklasse von 2 Millionen bis 10 Millionen DM. In dieser Größenklasse ist die durchschnittliche Wachstumsrate des Anlagevermögens über den Untersuchungszeitraum fast doppelt so hoch wie die des Eigenkapitals.

Tabelle 11

Durchschnittliche Wachstumsrate des Eigenkapitals, Konfidenzintervall und Streumomente

Stichprobe von 100 deutschen börsennotierten Aktiengesellschaften

Irrtumswahrscheinlichkeit 4,5 %

1953—1960

Jahr	Untere Konfidenzschranke	Durchschnittliche Wachstumsrate	Obere Konfidenzschranke	Varianz	Standardabweichung	Variationskoeffizient
1953–1954	2,1 %	4,5 %	6,9 %	0,01411	0,1189	264 %
1954–1955	5,0 %	10,2 %	15,4 %	0,06786	0,2606	256 %
1955–1956	1,7 %	5,5 %	9,3 %	0,03614	0,1901	346 %
1956–1957	2,8 %	5,9 %	9,0 %	0,02352	0,1584	260 %
1957–1958	1,6 %	5,4 %	9,2 %	0,03518	0,1875	347 %
1958–1959	0,7 %	4,0 %	7,7 %	0,02686	0,1639	410 %
1959–1960	2,9 %	5,4 %	7,9 %	0,01575	0,1255	232 %

Einzelangaben enthält Tab. 12:

Tabelle 12

Verteilung der Wachstumsraten des Eigenkapitals von 100 deutschen börsennotierten Aktiengesellschaften

1953—1960

Wachstumsrate in %	1954	1955	1956	1957	1958	1959	1960
bis unter − 10	1	2	2	3	2	6	3
− 10 bis unter − 5	5	3	5	1	3	1	1
− 5 bis unter 0	12	14	17	14	11	14	17
0 bis unter + 5	61	41	50	53	57	60	49
5 bis unter + 10	8	12	12	8	10	7	12
10 bis unter + 20	5	14	4	10	9	4	9
20 bis unter + 40	7	8	5	8	7	3	7
40 bis unter + 60	0	3	2	2	0	3	2
60 und darüber	1	3	3	1	1	2	0

Vergleicht man die durchschnittlichen Wachstumsraten des Anlagevermögens mit den durchschnittlichen Wachstumsraten des Eigenkapitals der Unternehmen über den Untersuchungszeitraum, so ergibt sich, daß 49 % der Unternehmen ihre Wachstumsraten im Gleichgewicht gehalten haben. 15 % der Unternehmen haben insgesamt eine höhere Wachstumsrate des Eigenkapitals als des Anlagevermögens gehabt. 36 % der Unternehmen haben dagegen Wachstumsraten des Eigenkapitals zu verzeichnen, die hinter den Wachstumsraten des Anlagevermögens zurückbleiben (Tabelle 13).

Tabelle 13

Verteilung der Wachstumsraten des Anlagevermögens und des Eigenkapitals
100 deutsche Aktiengesellschaften

Durchschnitt der Jahre 1953—1960

Anlagevermögen \ Eigenkapital	— 10 bis unter — 5 %	— 5 % bis unter 0 %	0 % bis unter 5 %	5 % bis unter 10 %	10 % bis unter 20 %	20 % bis unter 40 %	Σ
unter — 10 % ..		1					1
— 10 bis unter — 5 % ..							0
— 5 bis unter 0 % ..	1	1	1	1			4
0 bis unter 5 % ..		2	27	3	2		34
5 bis unter 10 % ..		1	12	9	4	1	27
10 bis unter 20 % ..		2	10	4	10	2	28
20 bis unter 40 % ..			1	1	2	2	6
Summe	1	7	51	18	18	5	100

Abbildung 1 stellt die durchschnittlichen Wachstumsraten des Anlagevermögens und des Eigenkapitals mit ihren Konfidenzintervallen für den Untersuchungszeitraum graphisch dar. Während im Aufschwung der Wachstumsraten des Anlagevermögens die Wachstumsraten des Eigenkapitals zurückbleiben, ist der Konsolidationsversuch in der Periode stark absinkender Wachstumsraten des Anlagevermögens augenfällig.

Die Gruppe mit einem Eigenkapital von 2 Millionen DM hat nicht nur eine schlechtere Anlagendeckung durch Eigenkapital, sondern auch das schlechteste Verhältnis von Wachstumsrate des Eigenkapitals zu Wachstumsrate des Anlagevermögens. Während die Anlagendeckung der mittleren Gruppe noch besser war als die der größeren Gruppe, ist das Verhältnis der Wachstumsraten bei den Großunternehmen besser. Tabelle 14 läßt die Hypothese glaubhaft erscheinen, daß besonders in der mittleren Größenklasse der Unternehmen von der Ausstattung mit Eigenkapital Wachstumshemmnisse ausgehen.

Wachstumshemmnisse gehen auch von der innerbetrieblichen Organisation aus. Im Prozeß des Unternehmenswachstums werden Veränderungen im Organisationsaufbau erforderlich. Die Umstellungsrate im

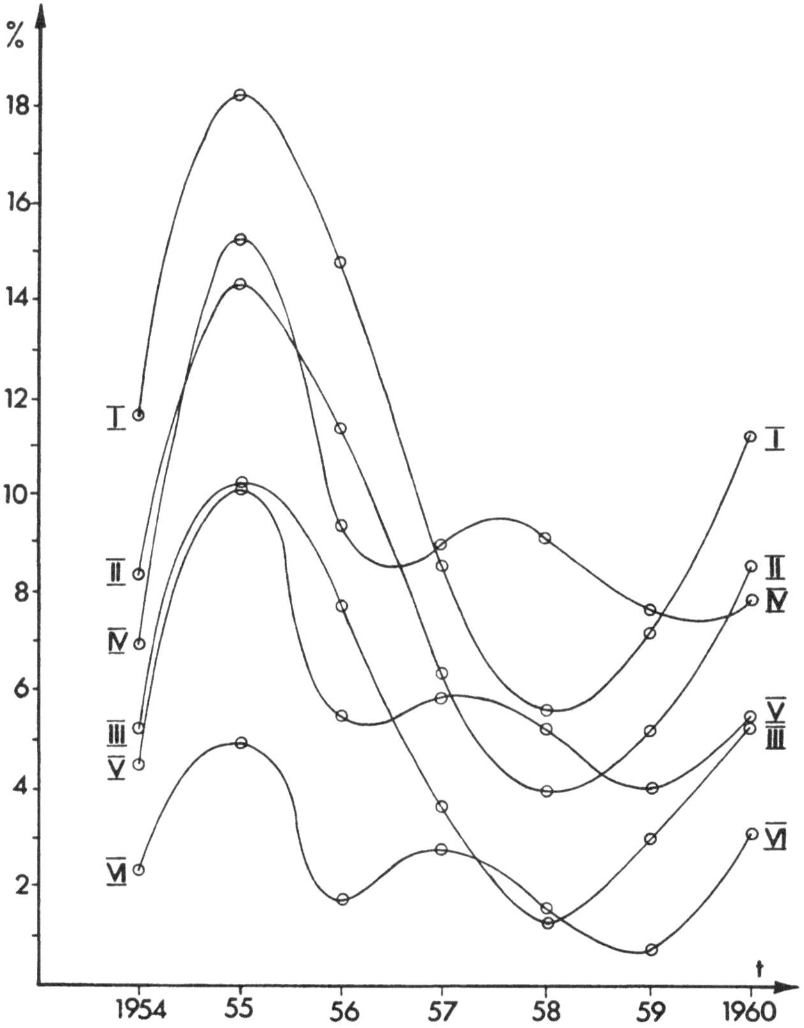

Wachstumsraten des Anlagevermögens und des Eigenkapitals mit Konfidenzintervallen

100 deutsche Aktiengesellschaften

(Irrtumswahrscheinlichkeit 4,5 %)

Abbildung 1

Wachstum des Anlagevermögens: I: Obergrenze des Konfidenzbereiches, II: Mittelwert, III: Untergrenze des Konfidenzbereiches

Wachstum des Eigenkapitals: IV: Obergrenze des Konfidenzbereiches, V: Mittelwert, VI: Untergrenze des Konfidenzbereiches

Tabelle 14

Wachstumsraten in verschiedenen Unternehmensgrößen
100 deutsche Aktiengesellschaften

Durchschnitt der Jahre 1953—1960

Betriebsgröße	Durchschnittliche Wachstumsrate	Varianz	Standardabweichung	Variationskoeffizient	Anlagendeckung Durchschnitt d. jährlichen Werte	Verhältnis der Wachstumsraten Eigenkapital zu Anlagevermögen
Kleiner als 2 Mill.	4,3 %	0,0040	0,06325	147 %	1,22	0,915
2 Mill. bis unter 10 Mill.	5,6 %	0,00306	0,05531	99 %	1,15	0,583
10 Mill. und mehr	7,5 %	0,0064	0,08	107 %	1,06	0,834
Gesamt	5,9 %	0,00453	0,06731	114 %	—	0,72

innerbetrieblichen Unternehmensaufbau darf aber in der Zeiteinheit ein bestimmtes Maß nicht überschreiten, wenn nicht Gefahren für die Existenz des Unternehmens heraufbeschworen werden sollen. Empirische Angaben über die von der betrieblichen Organisation ausgehenden Wachstumshemmnisse lassen sich nur mit besonderen Schwierigkeiten machen.

Lecompte stellt am Beispiel der Bell Telephone Company of Pennsylvania dar, mit welchen organisatorischen Schwierigkeiten die Umstellung bei hohen Wachstumsraten verbunden ist. Innerhalb eines gewissen Bereiches der Unternehmensgröße läßt sich ein multiples Wachstum des Unternehmens bei gegebener Organisationsstruktur durchführen. Bei dem Übergang zur nächsten Größenklasse jedoch muß mutatives Wachstum auftreten: Die Organisationsstruktur muß verändert werden. Selbst nachdem alle Beteiligten die Notwendigkeit einer Umstellung erkannt haben, vergingen in dem von Lecompte dargestellten Falle noch Monate, bevor sich die neue Organisation eingespielt hatte und alle Kommunikationswege reibungslos arbeiteten[47]. Weitere Fallbeschreibungen finden sich bei Payne[48]. Baumberger hat die im Unter-

[47] Vgl. *Lecompte*, K., Organizational Structures in Transition, in: *Haire*, M., Organizational Theory in Industrial Practice, New York und London 1962, S. 153.

[48] *Payne*, B., Planning for Company Growth, New York, Toronto, London 1963, S. 211 ff.

nehmenswachstum denkbaren organisatorischen Aufgaben übersichtlich dargestellt, ohne dabei allerdings auf empirische Analysen zurückzugreifen oder zur Formulierung eines Modells der Organisation des wachsenden Unternehmens vorzudringen[49].

Dale hat gezeigt, daß die Verwaltungs- und Vertriebskosten bei der Firma Westinghouse in der Wachstumsphase des Umsatzes von 150 Millionen bis 210 Millionen Dollar (1936—1940) sprunghaft gestiegen sind[50]. Haire kommt dagegen zu anderen Ergebnissen: „In frühen Jahren wachsen die Stäbe geometrisch, während das Fertigungspersonal linear zunimmt, aber allmählich wird daraus dann paralleles Wachstum"[51]. Busse von Colbe hat das empirische Material über das Verhältnis von Verwaltungs- und Vertriebskosten und Unternehmenswachstum in einer interessanten Studie zusammengefaßt. Danach läßt sich die These, daß die Verwaltungs- und Vertriebskosten mit steigender Unternehmensgröße progressiv zunehmen, nicht bestätigen: „Melman stellt in einer ausführlichen Studie aufgrund amtlicher nordamerikanischer Statistiken in einer Stichprobe von 892 Unternehmen verschiedener Industriezweige für 1937 fest, daß die Relation zwischen Verwaltungs- und Produktionskosten mit steigender Unternehmungsgröße (gemessen am Vermögen) tendenziell sinkt. Da im allgemeinen unterstellt wird und das statistische Material auch nicht dagegen spricht, daß die Fertigungskosten in Abhängigkeit von der Produktmenge je Leistungseinheit nicht zunehmen, kann man aus Melmans Untersuchung auf eine Tendenz zu absolut sinkenden Verwaltungskosten bei wachsender Unternehmungsgröße schließen. Das würde die These von Rost bestätigen, nach der sich gerade im Verwaltungsbereich erhebliche Kostenvorteile mit steigender Unternehmungsgröße ergeben. McNulty ermittelte für rund 100 nordamerikanische Wärmekraftwerke in den Jahren 1949 und 1953 eine annähernde Proportionalität zwischen Verwaltungskosten und Unternehmungsgröße (gemessen am Anlagevermögen). Erhebungen über die Kostenstruktur in nordamerikanischen Großbäckereien ergeben für die Jahre 1922—1925 und 1945 sinkende Verwaltungskosten bei steigendem Ausstoß"[52].

Weigand versucht auf Grund einer Befragung von 220 Unternehmen nachzuweisen[53], daß zwischen der innerbetrieblichen Absatzorganisation

---

[49] Vgl. *Baumberger*, H. U., Die Entwicklung der Organisationsstruktur in wachsenden Unternehmungen, Bern 1961.

[50] *Dale*, E., Die großen Organisatoren, Düsseldorf und Wien 1962, S. 286.

[51] *Haire*, M., Biological Models and Empirical Histories of the Growth of Organizations, in: Haire, M. (Hrsg.), Modern Organization Theory, New York-London 1959, S. 272, hier S. 292.

[52] *Busse von Colbe*, W., Verwaltungs- und Vertriebskosten wachsender Industrieunternehmen, ZfbF 1964 NF, S. 308 hier S. 314.

[53] *Weigand*, R. E., The Marketing Organization, Channels and Firm Size, Journal of Business, Vol. XXXVI (1963), S. 228.

und den Absatzwegen auf der einen und der Unternehmensgröße auf der anderen Seite eine Abhängigkeit besteht. Seine auf das Material gestützte Behauptung, die Unterschiede in den Absatzmethoden seien zwar klein, doch lasse sich bei wachsender Unternehmensgröße ein Zug zu vertikaler Integration feststellen, läßt sich m. E. nicht halten. In Tabelle 15 sind Weigands Tabellen 1, 2 und 3 aufbereitet wiedergegeben.

Tabelle 15

Abhängigkeit der Absatzwege von der Unternehmensgröße
Prozent der in den Größenklassen befragten Unternehmen

Umsatz in Mill. Dollar

Absatzwege	Unternehmensgröße	unter 10	10 bis unter 100	100 und mehr
I.	Firmeneigene Absatzwege			
	1. Vertreter	17,0	62	–
	2. Verkaufsgesellschaften	8,5	17,3	17,4
	Summe I	25,5	23,5	17,4
II.	Firmenfremde Absatzwege			
	1. Weiterverarbeitung .	42,5	33,7	43,5
	2. Händler	30,1	34,7	34,8
	Summe II	72,6	68,4	78,3
III.	Sonstige	1,9	8,1	4,3
	Summe	100	100	100

Zwischen den firmeneigenen[54] und den firmenfremden Absatzwegen scheinen Unterschiede in den einzelnen Größenklassen, wenn überhaupt, dann in umgekehrter als der von Weigand behaupteten Richtung zu bestehen. Es fällt aber auf, daß sich mit steigender Unternehmensgröße eine Verlagerung innerhalb der firmeneigenen Absatzwege von den Vertretern auf firmeneigene Verkaufsgesellschaften vollzieht. Eine solche Verselbständigung des Absatzweges setzt eine bestimmte Mindestgröße des Umsatzes voraus. Diese liegt offenbar bei den von Weigand untersuchten Firmen zwischen 10 und 100 Mill. Dollar Umsatz im Jahr.

Erheblich deutlicher sind die Unterschiede zwischen den verschiedenen Unternehmensgrößen bei der internen Absatzorganisation. Bereitet

[54] Rechtlich kann man den Verkauf über Vertreter nicht als Absatz über firmeneigene Absatzwege bezeichnen. Betrieblich liegt im allgemeinen aber eine so enge Bindung vor, und zwar selbst dann, wenn der Vertreter mehrere Firmen vertritt, daß von einem firmeneigenen Absatzweg gesprochen werden kann.

man das von Weigand zusammengestellte Material wiederum etwas anders auf, so ergibt sich Tabelle 16.

Tabelle 16

Abhängigkeit der innerbetrieblichen Absatzorganisation von der Unternehmensgröße

Prozent der in den Größenklassen befragten Unternehmen

Umsatz in Mill. Dollar

Entscheidungsbereich der Absatzabteilung \ Unternehmensgröße	unter 10	10 bis unter 100	100 und mehr
1. Vertrieb und andere (Produktion, Finanzen)	3,8	1,1	—
2. Vertrieb	29,2	4,0	4,3
3. Vertrieb und sonstige Absatzfunktionen (Werbung, Marktforschung)	65,1	81,7	43,5
4. Reine Absatzfunktionen	1,9	13,2	52,2
Summe	100,0	100,0	100,0

Tabelle 16 zeigt deutlich, daß sich die Vertriebsfunktion mit wachsender Unternehmensgröße immer mehr verselbständigt, daß Absatzförderung durch Werbung und Produktentwicklung eine immer stärkere Rolle spielt und daß die Stabsaufgaben wie Marktforschung und Absatzstatistik immer größere Bedeutung gewinnen, so daß sie in Großunternehmen schließlich organisatorisch verselbständigt werden müssen.

III. Theoretische Modelle betrieblichen Wachstums

1. Ältere Erklärungsversuche des Wachstums von Unternehmen

Für die modernen Wachstumstheorien ist kennzeichnend, daß sie in starkem Maße auf die Arbeiten der Klassiker über die Entwicklungsprozessse der Wirtschaft zurückgreifen. Die Gedanken von Marx, Marshall und Schumpeter über den wirtschaftlichen Wachstumsprozeß finden sich in modernen Arbeiten über Probleme des Wachstums in veränderter und im allgemeinen formalisierter Form wieder. Es erscheint daher zweckmäßig, die Aussagen einiger älterer Arbeiten über das einzelbetriebliche Wachstum kurz zu würdigen.

a) Die Erklärung des einzelwirtschaftlichen Wachstums durch einen mechanischen Prozeß

Die älteren Arbeiten, in denen Fragen einzelwirtschaftlichen Wachstums angeschnitten werden, lassen sich in zwei Gruppen einteilen: solche, die das Wachstum von Unternehmen in Analogie zu mechanischen Verläufen sehen, und Arbeiten, die den betrieblichen Wachstumsprozeß unter dem Gesichtspunkt einer organischen Entwicklung begreifen. Die Entwicklung zum Großunternehmen erschien Autoren wie Marx, Max Weber, Marshall und Schumpeter, so sehr ihre Ansichten über den betrieblichen Wachstumsprozeß im einzelnen voneinander abweichen mögen, auf Grund der technischen Entwicklung als ein zwangsläufiger Prozeß.

Das Gesetz der konstanten Substitution von variablem durch fixes Kapital, das dem Zentralisations- und Konzentrationsgesetz von Marx zugrunde liegt, ist eine solche mechanistische Beschreibung des Wachstums von Industrieunternehmen. Die Entwicklung der Unternehmen zu Großbetrieben folgt zwangsläufig aus den technischen Bedingungen des Produktionsprozesses. Marx sah in der Tat das Wachstum des gesamtwirtschaftlichen Kapitals als ein Wachstum einzelner Unternehmen an: „Das Wachstum des gesellschaftlichen Kapitals vollzieht sich im Wachstum vieler individuellen Kapitale[55].“ Marx glaubte, genügend empirisches Beweismaterial für die Gültigkeit dieses mechanischen Wachstumsgesetzes zu besitzen: „Dieses Gesetz des steigenden Wachstums des konstanten Kapitalteils im Verhältnis zum variablen wird auf jedem Schritt bestätigt (wie schon oben entwickelt) durch die vergleichende Analyse der Warenpreise, gleichviel ob wir verschiedene ökonomische Epochen bei einer einzigen Nation vergleichen oder verschiedene Nationen in derselben Epoche[56].“ Daß dieses Gesetz von Marx als zwangsläufig und sich selbst bestätigend gesehen wird, geht besonders deutlich aus der folgenden Stelle hervor: „Mit der Akkumulation des Kapitals entwickelt sich daher die spezifisch kapitalistische Produktionsweise und mit der spezifisch kapitalistischen Produktionsweise die Akkumulation des Kapitals. Diese beiden ökonomischen Faktoren erzeugen, nach dem zusammengesetzten Verhältnis des Anstoßes, den sie sich gegenseitig erteilen, den Wechsel in der technischen Zusammensetzung des Kapitals, durch welchen der variable Bestandteil immer kleiner und kleiner wird, verglichen mit dem konstanten[57].“ Die organisatorischen Konsequenzen dieser Entwicklung lassen sich aus dem Marxschen System ableiten: Wegen der zunehmenden Verelendung der Arbeiter

---

[55] *Marx*, K., Das Kapital, Kritik der politischen Ökonomie, 1. Band, Berlin 1955, S. 658.
[56] *Marx*, K., Das Kapital, a. a. O., S. 655 f.
[57] *Marx*, K., Das Kapital, a. a. O., S. 658.

wachsen die innerbetrieblichen Zielkonflikte, bis sie endlich offen ausbrechen und zur organisatorischen Umgestaltung der Unternehmensführung führen (Expropriation der Expropriateure). Bezeichnenderweise können aber nach Marx die zunehmenden Zielkonflikte innerhalb des Unternehmens das zwangsläufige Wachstum der Unternehmen nicht aufhalten.

Dieser Gedanke des zwangsläufigen Wachstums der Unternehmen auf Grund der technischen Bedingungen des produktiven Apparats ist von Bücher als Gesetz der Massenproduktion formuliert worden. Bücher ging in seiner Arbeit „Das Gesetz der Massenproduktion“[58] von der Gültigkeit des Marxschen Gesetzes aus, wonach die konstanten Kosten an die Stelle der variablen Kosten treten. Er ergänzte diese allgemeine Feststellung aber um die Bedingungen des Überganges von einem weniger vollkommenen Produktionsverfahren zu einem vollkommeneren Prozeß. Das weniger vollkommene Produktionsverfahren ist bei Bücher ein Verfahren, das einen höheren Anteil variabler Kosten und einen geringeren Anteil fixer Kosten verursacht als das vollkommenere Produktionsverfahren. Bücher nannte diese Untergrenze der Vorteilhaftigkeit eines neuen Produktionsprozesses die Nutzschwelle der Massenproduktion[59].

Bei Bücher ist durch den Hinweis auf die Nutzschwelle der Massenproduktion die Frage nach der Zwangsläufigkeit der Einführung neuer Produktionsverfahren mit hohen fixen Kosten offengelassen. In aller Schärfe hat erst Büchers Schüler Schmalenbach diese Ausweglosigkeit des ökonomischen Prozesses herausgearbeitet, als er das Gesetz der Massenproduktion als das Gesetz der wachsenden Fixkosten bezeichnete[60]. Schmalenbach war sich bewußt, daß dieses Gesetz der wachsenden Fixkosten mit dem Marx'schen Gesetz der steigenden Akkumulation übereinstimmte: „Was ist es denn im Grunde genommen anderes als die Erfüllung der Voraussagen des großen Sozialisten Marx, die wir erleben? Seine Vorstellungen von der Zukunft der Wirtschaft sind es, die wir sich erfüllen sehen[61].“ Besonders klar wird der Gedanke der Zwangsläufigkeit dieses Prozesses in dem Hinweis ausgedrückt: „Nicht Menschen, sondern *starke wirtschaftliche Kräfte* (Sperrung im Original) sind es, die uns in die neue wirtschaftliche Epoche hineintreiben[62].“

---

58 *Bücher,* K., Das Gesetz der Massenproduktion, Zeitschrift für die gesamte Staatswissenschaft 1910, Heft 3, S. 1.

59 *Bücher,* K., Das Gesetz der Massenproduktion, a. a. O., S. 13.

60 *Schmalenbach,* E., Die Betriebswirtschaftslehre an der Schwelle der neuen Wirtschaftsverfassung, Vortrag anläßlich der Tagung des Verbandes der Betriebswirtschaftler an deutschen Hochschulen am 31. Mai 1928 in Wien, ZfhF 1928, S. 241.

61 *Schmalenbach,* E., Die Betriebswirtschaftslehre an der Schwelle der neuen Wirtschaftsverfassung, a. a. O., S. 242.

62 Ebendort.

Ähnlich mechanisch und zwangsläufig wird das Wachstum der Industrieunternehmen auch von Max Weber gesehen, der den Trend zum Großunternehmen mit der höheren Effizienz bürokratisch organisierter Unternehmen erklärte[63]. Im Gegensatz zu Marx legte Max Weber gerade auf die organisatorischen Formen dieses Wachstumsprozesses besonderes Gewicht. Das moderne Unternehmen hat immer kompliziertere Aufgaben zu lösen und ist dabei der Konkurrenz anderer Unternehmen ausgesetzt. Es wird sich daher diejenige Organisationsform geben, die die gestellten Aufgaben präzise zu lösen gestattet und am billigsten ist. Weber weist nach, daß die Bürokratisierung der Tätigkeiten zu einer solchen Organisationsform führt[64]. Die Bedingungen, denen eine solche Organisationsform genügt, werden von Weber eingehend dargestellt. Da der Prozeß der Bürokratisierung zu immer leistungsfähigeren Organisationsformen führt, zunehmende Bürokratisierung aber mit zunehmender Arbeitszerlegung verbunden und Vorbedingung für diese das Wachstum der Unternehmen ist, ist dieser Entwicklungsprozeß zum bürokratisch organisierten Großunternehmen unentrinnbar. Die Organisationsform der Großunternehmen bestätigt sich selbst und ist Voraussetzung für weiteres Wachstum. Weber hat das Wachstum der kapitalistischen Unternehmen als eine automatische Entwicklung gesehen. „Wo die Bürokratisierung der Verwaltung einmal restlos durchgeführt ist, da ist eine praktisch so gut wie unzerbrechliche Form der Herrschaftsbeziehungen geschaffen[65].“ „Es ist kein geschichtliches Beispiel dafür bekannt, daß sie da, wo sie einmal zur völligen Alleinherrschaft gelangt war, wieder verschwunden wäre[66].“ Nur an einigen Stellen läßt sich, soweit ich sehe, im System Webers eine Andeutung finden, die darauf schließen läßt, daß Weber selbst in der bürokratischen Organisationsform Grenzen der Leistungsfähigkeit gesehen hat, so wenn er von der Angewiesenheit der bürokratischen Organisation auf den „Unternehmer“, den „Politiker“[67] und von der „Empfindlichkeit gegen Irrationalitäten des Rechts und der Verwaltung“[68] spricht. Bendix hat auf die inneren Spannungen im System der legalen Herrschaft bei Max Weber aufmerksam gemacht: „Wenn legale Herrschaft in der Spannung zwischen formaler und materialer Rationalisierung des Rechts und der Verwaltung besteht, dann muß das Überwuchern der einen oder anderen Tendenz das Bestehen der legalen Herrschaft gefährden. Spannung heißt natürlich, daß diese Gefahr im-

---

[63] Vgl. hierzu *Weber*, M., Wirtschaft und Gesellschaft, 4. Aufl., Tübingen 1956, S. 570 ff., S. 844; ders., Debattenreden auf der Tagung des Vereins für Socialpolitik in Wien 1909, in: Gesammelte Aufsätze, Tübingen 1924, S. 413.

[64] *Weber*, M., Wirtschaft und Gesellschaft, a. a. O., S. 570.

[65] Ebendort, S. 578.

[66] Ebendort, S. 842.

[67] Ebendort, S. 844.

[68] Ebendort, S. 834.

mer besteht, daß aber die politische Aufgabe (im Sinne einer Erhaltung der legalen Herrschaft) in einem Ausbalancieren der antagonistischen Tendenzen besteht[69]." Diese Momente der inneren Spannung im System der bürokratischen Herrschaft bei Max Weber sind zu einer „Krisentheorie der bürokratischen Organisationsform", wie man sie bezeichnen könnte, ausgebaut worden[70].

Bezeichnenderweise hat auch Schumpeter die Ansicht geäußert, daß die von ihm analysierten Bedingungen innerbetrieblichen Wachstums im 20. Jahrhundert nicht mehr gelten, weil der Entwicklungsprozeß formalisiert und automatisiert wird. „So zeigt der wirtschaftliche Fortschritt die Tendenz, entpersönlicht und automatisiert zu werden[71]." Auch Marshall glaubte, daß das Wachstum von Kapitalgesellschaften sich automatisch vollzieht[72].

Über den konkreten Wachstumsverlauf werden im allgemeinen keine genauen Aussagen gemacht. So scheinen Max Weber und Marshall von monotonen Wachstumsverläufen auszugehen, während Marx auf Grund seiner Krisentheorie offenbar oszillative Wachstumsvorgänge unterstellt[73].

Diese mechanistischen Deutungen der betrieblichen Wachstumsvorgänge sind anscheinend unter dem Eindruck der industriellen Entwicklung entstanden, die das Denken in physikalischen Zusammenhängen entscheidend formte. Hinter diesen hypostasierten Gesetzmäßigkeiten verbergen sich jedoch Verhaltenshypothesen und Annahmen über die Richtung des technischen Fortschritts, die die Aussagekraft dieser Theorien einschränken. Der Entwicklungsprozeß läuft nur in der beschriebenen Weise ab, wenn die Unternehmen nach höheren Gewinnen bzw. höherer Effizienz streben, wenn der technische Fortschritt sich so vollzieht, daß vorteilhaftere Maschinen gleichzeitig auch größer und teurer sind, und wenn die Formalisierung und Bürokratisierung des Entscheidungsprozesses die Stabilität des Unternehmens tatsächlich erhöht. Die Gesellschaft muß ferner bereit sein, technische Effizienz dann zu akzeptieren und zu honorieren, wenn das die Tendenz zum Großbetrieb verstärkt.

---

[69] *Bendix,* R., Max Webers Soziologie heute, Gedenkrede zur Hundertjahrfeier Max Webers an der Freien Universität Berlin am 7. 7. 1964, vervielfältigtes Manuskript, S. 12.

[70] Vgl. hierzu vor allem *March,* J. G. und H. A. *Simon,* Organizations, New York, 1958, S. 36 ff.

[71] *Schumpeter,* J., Kapitalismus, Sozialismus und Demokratie, Bern 1946, S. 216. Vgl. hierzu auch *Rexhausen,* F., Der Unternehmer und die volkswirtschaftliche Entwicklung, Berlin 1960, S. 21.

[72] *Marshall,* A., Principles of Economics, 8. Aufl., Wiederabdruck London u. New York 1959, S. 251 ff.

[73] Auch Gutenberg spricht vom „Gesetz der Konjunktur" als einem Wachstumsgesetz. Vgl. *Gutenberg,* E., Zur Frage des Wachstums und der Entwicklung von Unternehmungen, a. a. O., S. 148.

Müssen an der Gültigkeit dieser Prämissen schon Zweifel aufkommen, so scheitern die mechanistischen Deutungen vollends an den empirischen Erscheinungsformen des einzelbetrieblichen Wachstums. Die Theorien vermögen nicht zu erklären, warum kleine Unternehmen gegründet werden, warum kleine Unternehmen überleben können[74], und warum die Größenklassenbesetzung der Unternehmen sich nicht stärker verschiebt[75].

Die monokausalen Erklärungsversuche anhand von mechanischen Analogien spielen heute praktisch keine Rolle mehr. Als Bestandteile multikausaler Wachstumsmodelle finden sie aber weiterhin Verwendung. Das Schmalenbachsche Gesetz der Größendegression: „Die freien Kapazitäten schreien nach Sättigung!" ist in leicht modifizierter Form von Penrose im Gesetz der Wachstumsinduktion durch ungenutzte Kapazitäten wieder aufgenommen worden. Danach schafft jede Expansion wegen der Unteilbarkeit der Produktionsfaktoren und der daraus resultierenden Disproportionalitäten im Produktionsaufbau ungenutzte Kapazitäten, die zur Beschäftigung und damit zum weiteren Ausbau reizen. Bei Schmalenbach findet sich diese Erklärung des Unternehmenswachstums durch Disproportionalitäten im Aufbau des Produktionsapparates bereits klar formuliert: „die fixen Kosten begnügen sich nicht damit, den Betrieb dahin zu drängen, seine Kapazität trotz mangelnder Nachfrage voll auszunutzen. Sie drängen ihn zugleich, sich trotz mangelnder Nachfrage zu vergrößern. In jedem Betrieb gibt es eine Reihe von Anlagen, die besonders schwach ausgenützt werden. Sie arbeiten mit degressiven Kosten, selbst bei voller Beschäftigung des Gesamtbetriebes. Die Betriebsleiter werden durch diese unbeschäftigten Anlagen dazu gedrängt, den Betrieb solange zu vergrößern, um auch diese nicht ausgenutzten Anlagen besser zu beschäftigen. Und so dehnen ganze Industriezweige ihre Kapazität aus, ohne daß ihnen ein Steigen der Nachfrage dazu Veranlassung gibt[76]." Der Kapazitätserweiterungseffekt

[74] Einen solchen Erklärungsversuch hat allerdings Leibenstein unternommen, indem er die technischen Bedingungen des Produktionsprozesses mit increasing returns to scale um die Unteilbarkeit der Produktionsfaktoren ergänzt. Vgl. *Leibenstein,* H., Economic Theory and Organizational Analysis, New York 1960, S. 265 ff., bes. S. 297 ff.

[75] Gibrats Gesetz stellt praktisch einen Versuch dar, die Existenz vieler Größenklassen mit dem Gesetz der proportionalen Entwicklung in Einklang zu bringen. Das Gesetz erklärt aber, wie Mansfield nachgewiesen hat, die empirischen Phänomene nur unvollkommen. Gibrat selbst hat für die zweite notwendige und hinreichende Bedingung der log-Normalverteilung der Unternehmensgrößen einen geringeren Überzeugungsgrad beansprucht als für die beiden übrigen. Er nannte diese Bedingung „somewhat unexpected" und meinte: „Given the accuracy of the adjustment obtained, everything happens as if this were so. The accuracy not being absolute — it cannot be so — no proof is possible. We can try only to persuade." *Gibrat,* R., On Economic Inequalities, International Economic Papers, Nr. 7, a. a. O., S. 63.

[76] *Schmalenbach,* E., Die Betriebswirtschaftslehre an der Schwelle der neuen Wirtschaftsverfassung, a. a. O., S. 245.

(Lohmann-Ruchti-Effekt) scheint ein weiteres Relikt mechanistischen Denkens in der Betriebswirtschaftslehre zu sein. Nur langsam beginnt sich die Erkenntnis durchzusetzen, daß dem Kapazitätserweiterungseffekt im Grunde eine unbestätigte Verhaltenshypothese zugrundeliegt[77].

b) Die Erklärung des einzelwirtschaftlichen Wachstums durch einen organischen Entwicklungsvorgang

Für die älteren Erklärungsversuche des einzelbetrieblichen Wachstums ist nicht nur die Verallgemeinerung und analoge Übertragung des raschen Technisierungsprozesses, der sich im 19. Jahrhundert vollzog, und seiner Bedingungen auf die Erklärung des Wachstums der Unternehmen bezeichnend. Diese älteren theoretischen Darstellungen des Unternehmenswachstums sind auch von der Faszination charakterisiert, mit der die Fortschritte in der Biologie im vorigen Jahrhundert verfolgt wurden. Sie übertragen daher vielfach Vorstellungen organischer Entwicklung auf die Erklärung des Wachstums von Unternehmen. Noch 1955 stellte Penrose fest, daß Wachstumsanalysen nur von Ökonomen durchgeführt worden seien, die mit biologischen Analogien arbeiteten und deren Modelle für Motivationsprobleme keinen Raum ließen[78].

Das Unternehmen wird dabei als ein lebendiger Organismus betrachtet, der sich ganz ähnlich wie ein Baum im Wald entwickelt. Die biologischen Wachstumsverläufe, die im allgemeinen durch eine logistische oder ertragsgesetzliche Kurve dargestellt zu werden pflegen, werden auch als typisch für den einzelwirtschaftlichen Wachstumsprozeß angesehen. Diese Vorstellung geht auf die berühmte Stelle in Marshalls „Principles of Economics" zurück, die zu dem Schlagwort Anlaß gab: „Der Vater erstellt's, der Sohn erhält's, beim Enkel verfällt's[79]." Jedes Unternehmen durchläuft danach drei Wachstumsphasen, und zwar die jugendliche des starken Wachstums, der Reife mit nur noch schwachem Wachstum und des Verfalls im Alter. Die entscheidende Stelle bei Marshall, in der das Wachstum der Unternehmen mit dem Wachstum von Bäumen verglichen wird, lautet: „And as with the growth of trees, so was it with the growth of business as a general rule before the great recent development of vast joint stock companies, which often stagnate but do not really

---

[77] Vgl. in diesem Zusammenhang auch *Preiser*, E., Multiplikatorprozeß und dynamischer Unternehmergewinn, in: Preiser, E., Bildung und Verteilung des Volkseinkommens, Gesammelte Aufsätze, Göttingen 1957, S. 124, hier vor allem S. 147.

[78] *Penrose*, E. T., Limits to the Growth and Size of Firms, a. a. O., S. 531; vgl. auch die Auseinandersetzung über die Anwendung biologischer Analogien bei *Penrose*, E. T., Biological Analogies in the Theory of the Firm, American Economic Review 1952, S. 804; *Alchian*, A. A., Biological Analogies in the Theory of the Firm, American Economic Review 1953, S. 600.

[79] Vgl. *Marshall*, A., Principles of Economics, a. a. O., S. 250.

die[80]." Marshall erklärte diesen Prozeß als Generationenproblem. Die Gründergeneration mit ihrem Expansionsdrang und ihrer Vitalität baut auf, die zweite Generation bewahrt das Erbe aus Pflicht- und Verantwortungsgefühl, während die dritte Generation, aufgewachsen in Wohlstand, andere Interessen als die der Erhaltung eines Unternehmens hat und das Unternehmen ohne neue Impulse absterben oder in andere Hände übergehen läßt.

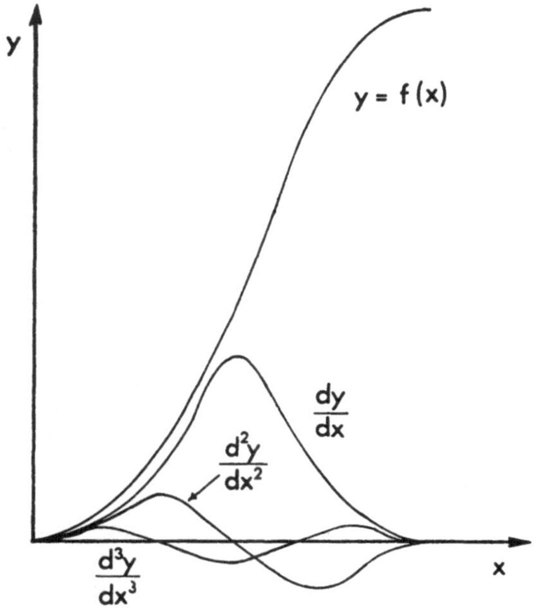

Abbildung 2

In diesem Rahmen kann auch die Entwicklungstheorie Schumpeters gesehen werden, wenn man Gedanken, die von Lloyd vorgetragen worden sind[81], weiterentwickelt. In seiner „Theorie der wirtschaftlichen Entwicklung"[82] geht Schumpeter davon aus, daß innerbetriebliches

---

[80] *Marshall,* A., Principles of Economic, a. a. O., S. 263. Hier wird die Beschränkung der Analogie auf die persönlich geleiteten Unternehmen deutlich. Vgl. auch die Hinweise bei *Wittmann,* W., Überlegungen zu einer Theorie des Unternehmenswachstums, a. a. O., S. 494. Auch Fraser interpretiert Marshalls Wachstumstheorie so, daß zunächst ein Aufschwung stattfindet und dann allmählich Senilität einsetzt. Vgl. *Fraser,* H. W., A Theory of the Optimum Time Rate of the Growth of the Firm, a. a. O., S. 30.

[81] *Lloyd,* L. E., Origin and Objectives of Organizations, in: *Haire,* M., Organization — Theory and Industrial Practice, New York-London 1962, S. 28.

[82] *Schumpeter,* J., Theorie der wirtschaftlichen Entwicklung, 1. Aufl., Leipzig 1912.

Wachstum auf die Durchsetzung neuer Kombinationen zurückzuführen ist. Der „dynamische Unternehmer" verwirklicht neue Ideen in seinem Unternehmen. Sieht man nun wie Lloyd die Erfolgskurve von Ideen, die in neuen Kombinationen verwirklicht werden, als logistische Kurve an, dann erscheint das Generationenproblem in neuer Sicht. Die nachstehende Abbildung gibt den logistischen Trend einer neuen Kombination im Schumpeter'schen Sinne wieder. Sie entspricht Abbildung 3 bei Lloyd.

Nach Lloyd ist die dritte Ableitung der Erfolgskurve als ein Bild der Idee zu verstehen, die dahintersteht. Die zweite Ableitung gibt die Durchsatzkraft wieder, die hinter der Verwirklichung der Idee steht. Die erste Ableitung ist gewissermaßen die Eigendynamik, die die Idee nach dem Abklingen der Antriebskraft des Unternehmens noch hat.

Der Versuch Marshalls, einzelwirtschaftliches Wachstum durch Anwendung des Darwinismus auf die Wirtschaftstheorie, wie Wiles es formuliert hat[83], zu erklären, darf als gescheitert angesehen werden[84]. Mit Recht weist Steindl darauf hin, daß Marshall die Bedeutung der persönlichen Eignung der Unternehmer ebenso überschätzte wie die Möglichkeiten für kleinere und mittlere Unternehmen, in die Gruppe der großen Unternehmen vorzudringen[85]. Marshall selbst ist von seinen Überlegungen insoweit abgewichen, als für die Unternehmen nicht die Rechtsform der Personengesellschaft, sondern die der Kapitalgesellschaft typisch ist. Kapitalgesellschaften aber sind nach Ansicht von Marshall Unternehmen, die „oft stagnieren, aber nicht richtig sterben"[86]. Auch Schumpeter rückte von seiner Erklärung des Wachstumsprozesses als eines von dem Eigentümerunternehmer und seinen Ideen getragenen Prozesses ab. Mit Recht betont Fraser: „Ein Hauptziel einer Theorie der Wachstumsrate des Unternehmens ist es daher, gerade die Wachstumsprobleme wieder in der Theorie des Unternehmens zu berücksichtigen, ohne jedoch die biologischen Fallen eines Lebenszyklus der repräsentativen Firma wieder einzuführen, die Marshall als so nützlich für die Analyse der Eigentumsverhältnisse seiner Zeit ansah[87]."

Die biologischen Analogien stellen im Gegensatz zu den mechanischen Analogien, die auf die technischen Wachstumsbedingungen besonderen

---

[83] *Wiles*, P. J. D., Price, Cost and Output, a. a. O., S. 218.

[84] Es ist auch bezeichnend, daß die Ansätze zu einer organischen Erklärung des Unternehmenswachstums bei Sommerfeld keine Resonanz in der betriebswirtschaftlichen Literatur fanden. Sommerfeld berücksichtigt in seiner eudynamischen Bilanz eine Wachstumssicherungsrücklage. Vgl. *Sommerfeld*, H., Bilanz (eudynamisch), HdB I., Stuttgart 1926, Spalte 1340.

[85] *Steindl*, J., Small and Big Business, a. a. O., S. 4 ff.

[86] *Marshall*, A., Principles of Economics, a. a. O., S. 263.

[87] *Fraser*, H. W., A Theory of the Optimum Time Rate of Growth of the Firm, a. a. O., S. 32.

Wert legen, bei der Erklärung des betrieblichen Wachstums vor allem auf die Vitalität und den Ideenreichtum der Eigentümerunternehmer ab. Sie vermögen wegen dieser Einseitigkeit des Erklärungsversuchs nicht zu sagen, warum Unternehmen mit positiver Wachstumsrate, die Vitalität und Ideenreichtum besitzen, zugrunde gehen. Ein weiterer entscheidender Einwand liegt aber darin, daß diese biologischen Wachstumsgesetze als einzige unabhängige Variable das Lebensalter der Unternehmen zugrunde legen. Diese naturgesetzliche Fundierung einzelwirtschaftlichen Wachstums wird den Strukturproblemen moderner industrieller Unternehmen und ihren Anpassungsmöglichkeiten und Überlebenschancen nicht gerecht. Die neueren Versuche der Wachstumsanalyse mit biologischen Modellen gehen daher auch dahin, Strukturkomponenten der inneren Organisation zur Erklärung des Wachstums heranzuziehen[88].

Der entscheidende Einwand gegen die älteren Erklärungsversuche des einzelwirtschaftlichen Wachstums kann darin gesehen werden, daß sie der rationalen Planung im Unternehmen zu geringe Bedeutung beimessen. Sie hat aber im Wachstumsprozeß der Unternehmen besonderes Gewicht. Mit Recht kommt Dale nach kritischer Auseinandersetzung mit den Vorstellungen Marshalls zu dem Ergebnis, daß „die zweite und dritte Generation von Unternehmensleitern, die das Unternehmen auf eine beständige und erfolgreiche Basis stellten, einen bedeutenden Beitrag zum Unternehmenswachstum geleistet haben und der Erwähnung ebenso wert sind wie die Gründer“[89]. In ihrer sorgfältigen empirischen Untersuchung der Wachstumschancen von Unternehmen weisen Mayer und Goldstein nach, daß die Überlebenschancen bei gut geplanten und rational geführten Unternehmen größer sind als bei anderen Unternehmen[90]. Das Element der Planung spielt daher in den neueren Erklärungsmodellen des mikroökonomischen Wachstums eine entscheidende Rolle.

---

[88] Vgl. vor allem den Versuch, das Wachstum von Unternehmen als biologischen Prozeß zu beschreiben und empirisch zu testen bei *Haire*, M., Biological Models and Empirical Histories of the Growth of Organizations, a.a. O. Das Strukturgesetz, das Haire entwickelt, ist das sogenannte Square-Cube-Law. Siehe die Weiterführung dieser Gedanken bei *Levy*, S. und G. *Donhowe*, Exploration of a Biological Model of Industrialization, Journal of Business 1962, S. 335.

[89] *Dale*, E., A Study of the Problems of Centralization and Decentralization in Relation of Private Enterprise, in: *Kruisinga*, H. (Hrsg.), The Balance between Centralization and Decentralization in Managerial Control, Leyden 1954, S. 27 ff., hier S. 43.

[90] *Mayer*, K. B. und S. *Goldstein*, The First Two Years: Problems of Small Firm Growth and Survival, a. a. O., S. 110, S. 115; vgl. auch S. 103.

2. Neuere Erklärungsversuche des Wachstums von Unternehmen

a) Betriebliche Wachstumstheorie als Erweiterung investitionstheoretischer Modelle

Das Wachstum von Unternehmen ist das zentrale Phänomen einer dynamischen Theorie des Unternehmens. Von einer geschlossenen dynamischen Theorie des Unternehmens kann heute noch nicht gesprochen werden. Es liegen nicht mehr als einzelne Ansätze einer Dynamisierung der Theorie des Unternehmens vor. Diese Ansätze lassen sich in zwei Gruppen einteilen: Die eine baut auf den Erkenntnissen der neoklassischen Investitionstheorie auf und entwickelt sie zu einer Theorie der optimalen Wachstumsrate des Unternehmens. Eine zweite Gruppe verwendet die Ergebnisse der Organisationstheorie und versteht das Wachstum des Unternehmens als einen Interaktionsprozeß zwischen Unternehmen und Umwelt, der sich innerhalb der kognitiven Begrenzungen der Unternehmensorganisation vollzieht.

Die Investitionstheorie untersucht die Vorteilhaftigkeit von Anlageninvestitionen im Unternehmen. Eine Investition ist dann vorteilhaft, wenn ihr Kapitalwert positiv ist. Da vorausgesetzt wird, daß die Unternehmen nach möglichst hohem Kapitalwert streben, ergibt sich, daß ein Unternehmen jede Investition in Anlagegegenständen mit positivem Kapitalwert auch durchführt. Das Wachstum des Unternehmens ist demnach ein Ausdruck der Investitionspolitik des Unternehmens. Die Wachstumsrate des Unternehmens ist die Veränderung einer Größe, an der das Wachstum gemessen werden soll, in der Zeit. Als Maßgröße verwenden Mansfield, Baumol und Leibenstein den Umsatz, Fraser den Kapitalwert des Unternehmens bzw. den Börsenkurs der Aktien, Penrose und Wittmann das Wachstum des Anlagevermögens[91]. Auch Penrose meint: „Ideally, the size of the firm for our purposes should be measured with respect to the present value of its resources (including its personnel) used for its own productive purposes[92].“ Penrose setzt sich eingehend mit den Maßstäben des Unternehmenswachstums auseinander und verwendet als besten Maßstab „constant monetary units of investment“[93]. Eingehend hat sich auch Gutenberg mit dem Problem auseinandergesetzt, wie Unternehmenswachstum gemessen werden kann: „Nicht

---

[91] Vgl. *Mansfield*, E., Entry, Gibrat's Law, Innovation and the Growth of Firms, a. a. O., z. B. S. 1031; *Baumol*, W. J., Business Behaviour, Value and Growth, New York 1959; derselbe, On the Theory of Expansion of the Firm, a. a. O., z. B. S. 1079; *Fraser*, H. W., A Theory of the Optimum Time Rate of Growth of the Firm, a. a. O., z. B. S. 190, S. 286. Vgl. auch S. 38, S. 95, S. 97.

[92] *Penrose*, E. T., The Theory of the Growth of the Firm, a. a. O., S. 25.

[93] Vgl. *Penrose*, E. T., The Theory of the Growth of the Firm, a. a. O., S. 200. Vgl. auch *Leibenstein*, H., Economic Theory and Organizational Analysis, a. a. O., S. 305; *Wittmann*, W., Überlegungen zu einer Theorie des Unternehmenswachstums, a. a. O., S. 493.

eine günstige Umsatzentwicklung, steigende Gefolgschaftszahlen oder andere Tatsachen des betrieblichen Lebens, sondern das Maß an erreichter innerer betrieblicher Konsolidierung ist für den betriebswirtschaftlichen Begriff des Wachstums wesentlich[94]." Weston verweist auf eine Untersuchung von Lintner und Butters, die gezeigt haben, daß Verteilungen der Unternehmensgröße auf der Grundlage des Gesamtvermögens (total assets) von Verteilungen auf der Grundlage des betriebsnotwendigen Kapitals (net assets) nur sehr geringfügig abweichen[95].

Stellt man nun aber die Frage, wie denn die Veränderung einer relevanten Größe gemessen und auf welche Zeit sie bezogen werden soll, dann zeigt sich, warum die traditionelle Investitionstheorie keine Wachstumstheorie ist: Die Bezugszeit kann nur die Zeit sein, in der sich die Veränderung der Größe, die hier einmal als Kapitalwert der Investitionsobjekte angenommen sei, vollzieht. Diese Zeit ist die Periode zwischen dem Beginn der Investitionsüberlegungen und dem Zeitpunkt der vollen Inbetriebnahme der Investition, zu deren Vornahme sich die Unternehmensleitung nach Beendigung der Planungsarbeiten entschieden hat.

In der Investitionstheorie wird nun aber im allgemeinen der Unterschied zwischen Planungszeitpunkt und Realisationszeitpunkt der Investition vernachlässigt[96], so daß die Veränderung des Kapitalwerts der Unternehmung infolge der Durchführung der Investition auf einen einzigen Zeitpunkt, nämlich den Entscheidungszeitpunkt, der mit dem Realisationszeitpunkt zusammenfällt, bezogen werden müßte. Eine solche Wachstumsrate läßt sich nicht sinnvoll definieren[97]. Folglich ist in der Investitionstheorie das Wachstum des Unternehmens nicht eine zeitliche Wachstumsrate, sondern eine zeitlose Veränderung des Kapitalwerts der Unternehmung. Wachstum erscheint also in der Investitionstheorie nicht als ein Strukturprozeß des Unternehmens, der im Zeitablauf vor sich geht, sondern als ein unendlich schneller Anpassungsprozeß an geänderte Umweltbedingungen. Die Investitionstheorie

---

[94] *Gutenberg,* E., Zur Frage des Wachstums und der Entwicklung von Unternehmungen, a. a. O., S. 148, hier S. 150. Mit der Frage des Maßes, mit dem betriebliches Wachstum gemessen werden soll, beschäftigt sich ferner: *Mackintosh,* A. S., The Development of Firms, An Empirical Study with Special Reference to the Economic Effects of Taxation, Cambridge/Mass. 1963, S. 17, S. 67.

[95] *Weston,* J. F., The Role of Mergers in the Growth of Large Firms, a. a. O., S. 125. *Butters,* J. K. und J. *Lintner,* Effects of Mergers on Industrial Concentration, 1940—47, Review of Economics and Statistics, Bd. 32, 1950, S. 30.

[96] Erich Schneider unterscheidet deutlich zwischen dem Kalkulationszeitpunkt und Bezugszeitpunkt, vernachlässigt dann aber im weiteren diese Unterscheidung. Vgl. *Schneider,* E., Wirtschaftlichkeitsrechnung, Tübingen 1951, S. 16.

[97] Man beachte, daß die Investitionstheorie die Entscheidungen über *diskrete* Beträge (Investitionsausgaben) in bestimmten Zeit*punkten* untersucht.

selbst ist mithin keine Wachstumstheorie. Die Investitionstheorie läßt sich aber dann zu einer Wachstumstheorie umformen, wenn man beachtet, daß zwischen dem Zeitpunkt des Beginns der Überlegungen und dem Zeitpunkt der Inbetriebnahme der neuen Anlagen Zeit vergeht, während der die notwendigen Informationen beschafft, die Planungsunterlagen erstellt, die Entscheidungen getroffen und die Anlagen aufgebaut und installiert werden. Penrose hat als erste die Annahme aufgegeben, daß Entscheidungszeitpunkt und Realisationszeitpunkt zusammenfallen. „Die Tatsache, daß dem Wachstum Forschungs- und Planungsarbeiten vorausgehen müssen, begrenzt auf der einen Seite das Wachstum, das in einer bestimmten Zeit durchgeführt werden kann, und erlaubt auf der andern Seite kontinuierliches Wachstum in der Zeit[98].“ Damit war ein Weg gezeigt, wie man das Wachstum des Unternehmens nicht nur als einen sofortigen Reaktionsprozeß auf die Marktgegebenheiten, sondern als einen Strukturprozeß der Unternehmensorganisation sehen und analysieren konnte[99]. Gleichzeitig war aber auch mit dem Zeitraum zwischen dem Beginn der Planungen und dem Zeitpunkt der vollen Inbetriebnahme des Investitionsobjektes die Zeiteinheit definiert, auf die die Veränderungen der Wachstumsgröße bezogen werden konnten: Die Wachstumsrate des Unternehmens ist die Veränderung des Kapitalwerts in der Planungsperiode, bezogen auf diesen Zeitraum. Sie ist ein komplexes Maß für die Entscheidungsfähigkeit und Durchsetzungskraft des Unternehmens in der Marktsituation und der Chancen, die diese dem Unternehmen bietet.

Der Weg, durch Berücksichtigung einer Planungs- und Aufbauperiode in die Investitionstheorie eine Theorie des wachsenden Unternehmens zu entwickeln, ist von Baumol und Fraser in einem einfachen[100] und von Fraser in einem komplexeren Modell[101] weiter ausgebaut worden. Die Übereinstimmung mit dem Lösungsgedanken von Penrose ist deutlich: „Die zusätzliche Überlegung (die zur Kapitaltheorie in der traditionellen Form hinzutritt, Anm. d. Verf.) ist allein die, daß es Zeit kostet, etwas zu tun[102].“ In dem einfachen Lösungsmodell wird diese Zeit aber nicht explizit eingeführt, sondern durch eine Kostenfunktion ausge-

[98] *Penrose*, E. T., Limits to the Growth and Size of Firms, a. a. O., S. 532.

[99] Auf diesen entscheidenden, neuen Ansatz hat Cooper sehr klar hingewiesen: „By splitting the entrepreneur into groups of planning agents, however, she has begun to introduce something which is to be found neither in traditional biological growth models nor in traditional economics“, *Cooper*, W. W., Comments on Penrose, E. T., Limits to the Growth and Size of Firms, American Economic Review 1955, Papers and Proceedings, S. 563.

[100] *Baumol*, W. J., On the Theory of Expansion of the Firm, a. a. O.; ganz ähnlich auch *Fraser*, H. W., A Theory of the Optimum Time Rate of Growth of the Firm, a. a. O., S. 54.

[101] Vgl. *Fraser*, H. W., A Theory of the Optimum Time Rate of Growth of the Firm, a. a. O., bes. Kap. III.

[102] *Fraser*, H. W., A Theory of the Optimum Time Rate of Growth of the Firm, a. a. O., S. 90.

drückt, während sie im komplexeren Modell ausdrücklich berücksichtigt wird.

a1) Die Theorie der gleichgewichtigen Wachstumsrate des Unternehmens

Das einfachste Modell eines wachsenden Unternehmens ist von Baumol entwickelt worden. Es wird dazu benutzt, eine Rate stetigen, gleichgewichtigen Wachstums des Unternehmens abzuleiten. Das Wachstum ist dabei dann im Gleichgewicht, wenn kein anderes Wachstum existiert, das die Ziele des Unternehmens besser erfüllt.

Baumol geht davon aus, daß der Markt für die von dem Unternehmen hergestellten Produkte beliebig aufnahmefähig ist. Die Wachstumsrate des Kapitalwerts der Investitionen wird folglich nicht durch einen Marktwiderstand begrenzt. Der Kapitalwert steigt vielmehr progressiv mit der Höhe der Investitionsausgaben. In einer gegebenen Planungsperiode muß aber ein Investitionsprogramm auch geplant und durchgeführt werden. Je größer die Wachstumsrate des Unternehmens, je höher also der Kapitalwert des Investitionsbudgets ist, das in der gegebenen Planungsperiode durchgeführt werden soll, desto größere Koordinationsprobleme treten auf. Jedem Investitionsbudget können mithin Kosten der Koordination zugeordnet werden. Es wird nun die sinnvolle Annahme gemacht, daß diese Kosten mit der Veränderung der Wachstumsrate zunächst schwach, dann aber progressiv ansteigen. Diejenige Wachstumsrate, bei der die Steigerung des Kapitalwerts gerade kompensiert wird durch die Steigerung der Expansionskosten, ist die optimale Wachstumsrate. Sie ist die Rate gleichgewichtigen stetigen Wachstums im Unternehmen. Abbildung 3 ist die graphische Darstellung dieses Modells.

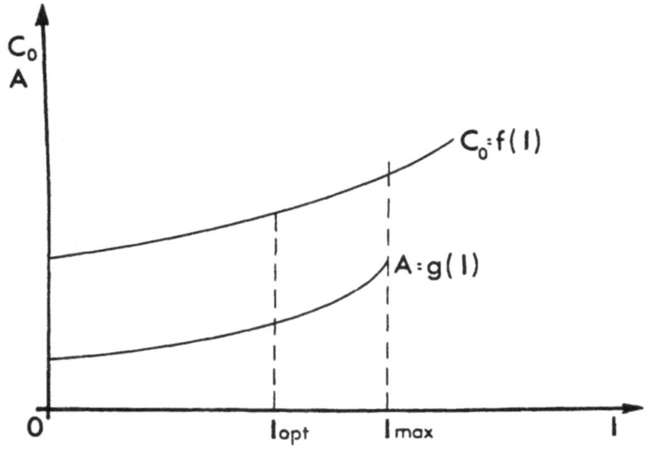

Abbildung 3

Abbildung 3 gibt den Kapitalwert des Investitionsprogramms als Funktion der Investitionsausgaben in der Bezugszeit wieder. A ist die Expansionskostenkurve. Diese ist zwischen Investitionsausgaben von Null und I_{max} DM definiert. Das heißt, Investitionsprogramme mit einem Investitionsvolumen von mehr als I_{max} DM können in der Planperiode überhaupt nicht durchgeführt werden. Sie würden die Grenzen der Koordinationsmöglichkeiten und der Umstellung im Unternehmen übersteigen. Das optimale Investitionsvolumen ist offenbar dort erreicht, wo die Kapitalwertkurve der Investitionsprogramme und die Expansionskostenkurve die gleiche Steigung haben. Damit ist auch die optimale Wachstumsrate des Unternehmens bestimmt.

Der Kapitalwert des vom Unternehmen realisierten Investitionsbudgets ist

(18) $$C_{oo} = C_o - A$$

(19) $$C_{oo} = f(I) - g(I)$$

Das optimale Investitionsvolumen ergibt sich folglich aus

(20) $$\frac{dC_{oo}}{dI} = f'(I) - g'(I) = 0$$

(21) $$f'(I) = g'(I)$$

Sei C_{oo}^{opt} der Kapitalwert mit dem Investitionsvolumen I_{opt}. Dann ist offenbar die optimale Wachstumsrate r des Unternehmens

(22) $$r_{opt} = \frac{C_{oo}^{opt}}{T_p} = C_{oo}^{opt}$$

wegen $T_p = 1$

T_p — Planungsperiode

a2) Die Theorie der gleichgewichtigen Wachstumsschübe im Unternehmen

Das dargestellte einfache Wachstumsmodell geht von der Annahme aus, daß die Planungsperiode ein Jahr umfaßt und daß eine solche Planungsperiode optimal ist. Diese Annahme wird von dem komplexeren Modell, das Fraser entwickelt hat, aufgegeben. In seinem Modell vollzieht sich das einzelbetriebliche Wachstum nicht stetig, sondern in Wachstumsschüben. Diese Wachstumsschübe sind durch die zeitliche Abfolge von Planungsperioden und Aufbauperioden, die der Inbetriebnahme der Investitionen vorausgehen, bedingt. Das Modell ist durch zwei wesentliche Eigenschaften gekennzeichnet:

1. Es führt in den Investitionskalkül sogenannte „Expansionsprozesse" ein.
2. Es betrachtet nur alternative Investitionsvorhaben.

Die erste Eigenschaft stellt eine bemerkenswerte Verfeinerung der Wachstumstheorie dar. Die zweite Eigenschaft dagegen läßt keine Aussagen über sich überlappende Expansionsprozesse zu[103]. Darin liegt ein Rückschritt gegenüber dem derzeitigen Stand der Investitionstheorie mit fixen Planungsperioden.

Der Grundgedanke des Modells von Fraser lautet: Jedes Unternehmen braucht Zeit, um Investitionen zu planen und durchzuführen. Die Periode zwischen der Vollendung der letzten Investition und der Vollendung einer neuen geplanten Investition ist die Expansionsperiode des Unternehmens. Unter Vollendung einer Investition wird ihre volle Inbetriebnahme verstanden. Innerhalb der Expansionsperiode kann der Kapitalwert des Unternehmens auf Grund sogenannten Trendwachstums steigen. Dieses Wachstum ist aber nicht auf die Wachstumspolitik des Unternehmens zurückzuführen und kann daher vernachlässigt werden. Einzelbetriebliches Wachstum ist also gekennzeichnet durch entscheidungsbedingte Wachstumsschübe, diskontinuierliches autonomes Wachstum, das ein stetiges induziertes Wachstum überlagert. In der Expansionsperiode werden neue Planungen für die Erweiterung des Unternehmens durchgeführt und die notwendigen baulichen und organisatorischen Veränderungen vorgenommen. Unterstellt man, daß die Vollendung der letzten Erweiterungsinvestition mit dem Beginn neuer Planungen zusammenfällt, dann umfaßt die Expansionsperiode die sogenannte Planungsperiode und die Konstruktionsperiode[104].

In der Planungsperiode werden sogenannte Planungsprozesse durchgeführt. Diese beziehen sich auf die Beschaffung von Informationen über lohnende Investitionsobjekte, die Vorbereitung der Entscheidung und die Einzelplanung für die Ausführung der Entscheidung. In der Aufbauperiode vollziehen sich Organisationsprozesse unter denen technische und absatzwirtschaftliche Vorgänge und Probleme der Unternehmensführung verstanden werden, und Finanzierungsprozesse.

Nach Abschluß der Aufbauperiode wird die Investition in Betrieb genommen. Die Expansion des Unternehmens wird realisiert. Es tritt ein Wachstumsschub ein. In der nun folgenden Durchführungsperiode werden die Anlagen genutzt. Die Durchführungsperiode erstreckt sich bis zum Planungshorizont, der als gegeben angenommen wird. Der Planungszeitraum zwischen dem Beginn der Überlegungen und dem Planungshorizont wird als fest vorausgesetzt. Lediglich der Zeitpunkt der Beendigung der Planungen und der Beendigung der Aufbauphase sind variabel. Darin liegt der entscheidende neue Ansatz. Es leuchtet nämlich

[103] *Fraser* erwähnt zwar unabhängige, simultane und hintereinander geschaltete Expansionsprozesse (a. a. O., S. 156), das Modell enthält diese Unterscheidung aber nicht mehr explizit.

[104] *Fraser*, H. W., A Theory of the Optimum Time Rate of Growth of the Firm, a. a. O., S. 103 f. Fraser unterscheidet zunächst den Zeitpunkt der Fertigstellung der letzten Investition und den Beginn neuer Überlegungen, gibt diese Differenzierung im folgenden aber auf.

unmittelbar ein, daß bei großen Schwierigkeiten in der innerbetrieblichen Planung und Veränderung der Organisationsstruktur eine relativ lange Expansionsperiode (Planungsperiode plus Aufbauperiode) erforderlich ist, so daß für die Investitionen nur noch eine kürzere Nutzungsperiode zur Verfügung steht. Der Gesamtkapitalwert des Investitionsprogramms wird also wegen der kurzen Nutzungsmöglichkeit der Investitionen relativ gering sein. Hält dagegen das Unternehmen die Planungs- und Aufbauperiode kurz, dann werden u. U. nicht die besten Investitionen getätigt. Es ergeben sich innerbetriebliche Schwierigkeiten aus der raschen Umstellung, und es müssen hohe Aufbaukosten bezahlt werden, die unter Umständen die zusätzlichen Gewinne aus einer Verlängerung der Nutzungsperiode aufzehren können. Es gilt also, diejenige Expansionsperiode und damit diejenige diskrete Wachstumsrate des Unternehmens zu finden, die das Kapitalwertoptimum im gesamten Planungszeitraum realisiert.

Fraser entwickelt sein Modell nicht analytisch, sondern graphisch. Dieser Darstellungsweise soll hier nicht gefolgt werden. Das Modell läßt sich einfacher verbal und analytisch wiedergeben.

Bei dem Modell handelt es sich um ein Entscheidungsmodell. Entscheidungsvariable sind die Länge der Expansionsperiode und folglich die diskrete Wachstumsrate des Unternehmens. Die Entscheidung wird in Form einer Sukzessivplanung und zwar in drei Entscheidungsschritten gefunden:

1. Bestimme den optimalen Vollendungszeitpunkt (die optimale Expansionsperiode) für jedes einzelne Investitionsobjekt.
2. Stelle alle Investitionsobjekte mit demselben optimalen Vollendungszeitpunkt zusammen und suche unter ihnen das Investitionsobjekt mit dem höchsten Kapitalwert aus.
3. Stelle alle so ermittelten optimalen Investitionsobjekte für verschiedene Vollendungszeitpunkte zusammen und suche unter ihnen dasjenige mit dem höchsten Kapitalwert aus.

Das so gefundene Investitionsprogramm ist das maximum maximorum. Die damit verbundene Expansionsperiode ist das globale Optimum. Bezieht man den Kapitalwert des Investitionsprogramms auf die Expansionsperiode, ergibt sich die optimale Wachstumsrate des Unternehmens.

Die analytische Formulierung dieses Modells lautet:

Seien

C_{00i} der Gesamtkapitalwert des i-ten Investitionsobjektes,

C_{0Ni} der Kapitalwert der Nutzungen des Investitionsobjektes zum Vollendungszeitpunkt,

C_{oPi} der Kapitalwert der Auszahlungen für die Expansionsprozesse im Planungszeitpunkt,

t_o der Planungszeitpunkt,

t_c der Vollendungszeitpunkt,

H der Planungshorizont,

Q die Reingewinne,

ρ der Diskontierungszinsfuß bei angenommener kontinuierlicher Verzinsung,

I die Investitionsausgaben,

P die Auszahlungen für die Planungsprozesse,

R die Auszahlungen für die Organisationsprozesse.

Der Kapitalwert eines einzelnen Investitionsobjektes im Planungszeitraum ist

$$(23) \qquad C_{oo} = -C_{oPi} + C_{oNi}\, e^{-\rho t_{ci}} \quad \text{für } t_o = 0 \text{ und } i = 1, \ldots, n$$

$$(24) \qquad C_{ooi} = -\int_{o}^{t_{ci}} \left[P(t,t_{ci}) + R(t,t_{ci}) + I(t,t_{ci})\right] e^{-\rho t}\, dt + \left[\int_{t_{ci}}^{H} Q(t)\, e^{-\rho t}\, dt\right] e^{-\rho t_{ci}}$$

bzw.

$$(25) \qquad C_{ooi} = F(t_{ci}) e^{-\rho t_{ci}} - G(t_{ci})$$

Differenziert man (25) nach t_{ci} und setzt gleich Null, so erhält man

$$(26) \qquad \frac{dC_{ooi}}{dt_{ci}} = F'(t_{ci}) e^{-\rho t_{ci}} - \rho F(t_{ci}) e^{-\rho t_{ci}} - G'(t_{ci}) = 0$$

$$(27) \qquad F'(t_{ci}) = \rho\, F(t_{ci}) + G'(t_{ci}) e^{\rho t_{ci}}$$

Aus (27) erhält man den optimalen Kapitalwert des i-ten Investitionsobjekts und den optimalen Vollendungszeitpunkt t_{ci}^{opt}. Nun wird unterstellt, daß der Kapitalwert aller Investitionsobjekte mit dem optimalen Vollendungszeitpunkt t_c^{*} eine stetige und differenzierbare Funktion der Form

$$(28) \qquad C_{oot_c} = f\,(C_{oo}^{opt} \mid t_c^{*})$$

ist. Das Maximum dieser Funktion in Bezug auf C_{oo}^{opt} wird bestimmt, und man erhält das optimum-optimorum-Investitionsobjekt für den Vollendungszeitpunkt t_c^{*}. Nun geht das Modell Frasers davon aus, daß eine Funktion

$$(29) \qquad C_{oo} = C_{oo}(t_c)$$

der optimum-optimorum-Projekte aller Vollendungszeitpunkte t_c ($0 < t_c \leqq H$) existiert, die stetig und differenzierbar ist. Differenziert man

(29) in Bezug auf t_c und setzt gleich Null, erhält man C_{oo}^{max} mit dem Vollendungszeitpunkt t^{max}.

Diesem Investitionsprogramm entspricht die kapitalwertmaximale diskrete Wachstumsrate

$$(30) \qquad r_{max} = \frac{C_{oo}^{max}}{t_c^{max}}$$

des Unternehmens.

Dieses Modell wird von Fraser noch auf den Fall der Kapitalrationierung erweitert. Die Finanzierungsgrenze, die Fraser einführt, ist eine Funktion der Expansionsperiode, weil von den bereits in der Nutzung stehenden Anlagen des Unternehmens Mittel freigesetzt werden, die zur Finanzierung der geplanten Investitionen herangezogen werden können. An der Struktur des Modells ändert sich nichts Wesentliches. Der optimale Vollendungszeitpunkt für jedes Investitionsprogramm ist nun aber unter Beachtung der finanziellen Nebenbedingungen zu ermitteln:

$$(31) \qquad C_{ooi} = \left[\int_{t_{ci}}^{H} Q(t)\, e^{-\rho t}\, dt\right] e^{-\rho t_{ci}} - \\ - \int_{o}^{t_{ci}} \left[P(t, t_{ci}) + R(t, t_{ci}) + I(t, t_{ci})\right] e^{-\rho t}\, dt \Rightarrow \max!$$

unter der Nebenbedingung

$$(32) \qquad \int_{o}^{t_{ci}} \left[P(t, t_{ci}) + R(t, t_{ci}) + I(t, t_{ci})\right] dt \leq \Phi(t_{ci}) \;,$$

woraus sich die Lagrange-Funktion

$$(33) \qquad L = \left[\int_{t_{ci}}^{H} Q(t)\, e^{-\rho t}\, dt\right] e^{-\rho\, t_{ci}} - \\ - \int_{o}^{t_{ci}} \left[P(t, t_{ci}) + R(t, t_{ci}) + I(t, t_{ci})\right] e^{-\rho t}\, dt - \\ - \lambda \left\{\int_{o}^{t_{ci}} \left[P(t, t_{ci}) + R(t, t_{ci}) + I(t, t_{ci})\right] dt - \Phi(t_{ci})\right\} \Rightarrow \max!$$

ergibt. Mit dieser Funktion (33) wird nun statt der Funktion (25) weitergerechnet.

Die Modelle von Baumol und Fraser sind Erweiterungen der investitionstheoretischen Modelle. Sie bestimmen die optimale Wachstumsrate des Unternehmens unter Berücksichtigung von Expansionskosten, in denen die Planungs- und Koordinationsprobleme des Unternehmens ihren Ausdruck finden sollen. Ihr Erklärungswert als Modelle wachsender Unternehmen scheint mir aber begrenzt zu sein. Folgende Einwände sind gegen diesen Modelltyp zu machen:

1. Die Modelle erklären den Zusammenbruch von Unternehmen im Wachstumsprozeß nicht.
2. Das Modell Baumols unterstellt im Zeitablauf konstante Wachstumsraten und steht daher im Widerspruch zu den genannten empirischen Ergebnissen[105].
3. Die Kosten der Organisationsprozesse werden nicht genauer erklärt. Koordinationsprobleme lassen sich aber besser in innerbetrieblichen Fluktuationsraten als in monetären Größen, wie den Kosten, ausdrücken. Solange die Kostenfunktionen nicht genau definiert sind, kann man die Strukturprobleme, die in wachsenden Unternehmen auftreten, nicht als hinreichend berücksichtigt bezeichnen.
4. Die Modelle gehen von sicheren Erwartungen über die Zahlungsströme der Investitionsobjekte und Kenntnis aller Investitionsmöglichkeiten im gesamten Planungszeitraum aus[106]. Ein wesentliches Phänomen des betrieblichen Wachstums ist aber die Suche nach neuen Kombinationen im Zeitablauf.
5. Die Modelle sind als Entscheidungsmodelle über ausschließlich alternative Investitionsprogramme formuliert. Während der Wachstumsperiode wird nur ein Investitionsprogramm realisiert. Dieses wird als unabhängig von zukünftigen Expansionsobjekten angesehen, denn Expansionsperioden, die mit der Nutzungsperiode augenblicklicher Erweiterungsobjekte zeitlich zusammenfallen, werden nicht berücksichtigt. Die optimale Zusammensetzung der augenblicklich gegebenen alternativen Expansionsobjekte erscheint nicht als Problem des Entscheidungsmodells. Die neuere Investitionstheorie hat jedoch gezeigt, daß hier entscheidende Strukturprobleme der betrieblichen Investitionspolitik zu lösen sind.

---

105 Auch Kuh geht bei seinem Wachstumsmodell in Anlehnung an Domar von einer konstanten Wachstumsrate aus und untersucht unter dieser Annahme die erforderliche Fremdfinanzierung. Vgl. *Kuh*, E., Capital Stock Growth: A Micro-Econometric Approach, Amsterdam 1963, S. 26 ff. und Kapitel 11.

106 Ein einfaches Modell eines wachsenden Unternehmens unter Unsicherheit findet sich bei Leibenstein. Vgl. *Leibenstein*, H., Economic Theory and Organizational Analysis, a. a. O., S. 265 ff.; ein Modell zur Bestimmung optimaler Wachstumsstrategien bei Unsicherheit über die zukünftige Nachfrage haben auch *Arrow*, *Beckmann* und *Karlin* entwickelt, es enthält aber keine Organisationsphänomene. Vgl. *Arrow*, K. J., M. J. *Beckmann* und S. *Karlin*, The Optimal Expansion of the Capacity of a Firm, in: *Arrow*, J. J., S. *Karlin* und H. *Scarf*, Studies in the Mathematical Theory of Inventory and Production, Stanford 1958, S. 92 ff. Ein Wachstumsmodell mit Unsicherheit über die Nachfrageentwicklung ist auch von Manne entwickelt worden. Das tatsächliche Wachstum der Nachfrage, an das sich das Kapazitätswachstum optimal anpaßt, ist um eine konstante erwartete Wachstumsrate normal verteilt. Die Lebensdauer der Anlagen wird als unbegrenzt angenommen. Technischer Fortschritt und Strukturänderungen der Nachfrage treten in dem Modell nicht auf. Vgl. *Manne*, A. S., Capacity Expansion and Probabilistic Growth, Econometrica 1961, S. 632.

6. Die Modelle betrachten den Zeitpunkt des Beginns der Planungsüberlegungen als gegeben. Diese Prämisse wird nur dem routinemäßigen Planungsproblemen im Unternehmen, nicht aber speziellen Planungsproblemen gerecht, wie sie besonders im Wachstumsprozeß der Unternehmen häufig auftreten.
7. Die Modelle beantworten die Frage nicht, warum es im Entwicklungsprozeß der Unternehmen Perioden mit hoher und geringer Wachstumsaktivität gibt. Sie ermöglichen insbesondere keine Aussagen darüber, ob die Schwankungen in den Wachstumsraten ausschließlich auf die im Zeitablauf wechselnden Umweltbedingungen und die gegebenen Investitionsalternativen zurückzuführen sind oder ob ihr Ausmaß eine Folge der betrieblichen Wachstumspolitik selbst ist.
8. Die Modelle sind letztlich statische Modelle. Die Kongruenz des Modells von Baumol mit traditionellen Gleichgewichtsanalysen liegt auf der Hand. Aber auch in dem komplexeren Modell von Fraser wird die optimale Entscheidung innerhalb eines *gegebenen* Zeitraums gesucht. Sind die unterschiedlichen Zeitpunkte innerhalb dieses Zeitraumes durch die Diskontierung gleichnamig gemacht, liegt ein statistisches Optimierungsproblem vor. Fragen des Zeitablaufs treten in den Modellen nicht auf.

Diese Bedenken lassen sich dahingehend zusammenfassen: Der betriebliche Wachstumsprozeß läßt sich nicht als ein gleichgewichtiger Vorgang beschreiben. Die Unternehmen wachsen vielmehr unstetig und ungleichgewichtig mit starken innerbetrieblichen Disproportionalitäten. Der überschaubare Zeitraum von einem bestimmten Zeitpunkt ab ist kürzer als derjenige Zeitraum, in dem sich Forschungs- und Entwicklungsarbeiten, die in diesem Zeitpunkt begonnen werden, auswirken. Ob diese Arbeiten in diesem Zeitpunkt aufgenommen werden müssen, läßt sich also zumindest nicht allein auf Grund der Ermittlung eines optimalen Investitionsprogrammes für den Planungszeitraum bestimmen. Hierfür sind vielmehr Entscheidungsregeln (Strategien) erforderlich, die die von dem Unternehmen angewandte Wachstumspolitik kennzeichnen. Im Folgenden soll der Versuch unternommen werden, ein von den behandelten Modellen stark abweichendes Modell des wachsenden Unternehmens zu entwickeln, das auf einer solchen Konzeption des Entwicklungsprozesses von Unternehmen aufbaut.

b) *Die Theorie der kontrollierten Wachstumsschübe im Unternehmen*

b1) Das Grundmodell

Die Unsicherheit der Zukunft hat zur Folge, daß ein Unternehmen nicht sofort mit einer Größe geplant werden kann, die die in der Branche tätigen älteren Unternehmen aufweisen. Ein junges Unternehmen hat noch relativ wenig Erfahrung und sieht sich großen Risiken gegenüber. Es wird daher eher einen kleinen Kapitalbetrag einsetzen, um dann mit wachsender Erfahrung und besseren Informationen allmählich mehr Kapital zu investieren. Wachstum resultiert folglich aus vermehrten Erfahrungen und verbesserten Informationen. Mit diesem zunächst von Leibenstein geäußerten Gedanken wird die Tatsache des Unternehmenswachstums, nicht aber der Prozeß des Unternehmenswachstums selbst erklärt. Die Unsicherheit führt zweitens dazu, daß die Unternehmensleitung das Wachstum des Unternehmens nicht in alle Richtungen gleichzeitig steuern kann. Die betrieblichen Teilbereiche wachsen vielmehr disproportional. Dieses strukturelle Phänomen des Unternehmenswachstums wird hier als Ungleichgewicht bezeichnet. Die folgenden Überlegungen versuchen, auf dieser Konzeption aufbauend, ein Modell des unstetigen, ungleichgewichtigen Unternehmenswachstums zu formulieren. Dabei werden die folgenden Bedingungen beachtet:

1. Entscheidungen über Unternehmenserweiterungen sind langfristige Entscheidungen. In dem Zeitpunkt, in dem eine solche Entscheidung getroffen wird, lassen sich die Chancen des Entscheidungsobjektes vielfach noch nicht genau umreißen. Es erscheint daher auch wenig sinnvoll anzunehmen, daß wachstumspolitische Entscheidungen unter der Zielvorstellung der Gewinnmaximierung getroffen werden. Auf die Probleme, die sich bei der Interpretation der Gewinnmaximierung unter den Bedingungen unsicherer Erwartungen ergeben, habe ich an anderer Stelle hingewiesen[107]. Es sind aber nicht nur diese formalen Schwierigkeiten, die Zweifel an der unternehmerischen Zielfunktion der Gewinnmaximierung bei Wachstumsproblemen aufkommen lassen. Vielmehr hat Heinen mit Recht darauf hingewiesen, daß „das unternehmerische Entscheidungsmodell mit Annahme absoluter Gewinnmaximierung ... nicht weit genug (ist), um alle Verhaltensweisen und Zielsetzungen der Realität erfassen und erklären zu können“[108]. Es erscheint daher sinnvoller, davon auszugehen, daß sich die Unternehmensleitungen bei ihren wachstumspolitischen Entscheidungen an anderen Größen als an dem erwarteten langfristigen Gewinn bzw. dem Kapitalwert der zukünftigen Nettoeinzahlungen orientieren. Diese Größen werden hier strategische Variable genannt. Die entscheidende strategische Variable in den folgenden Modellen ist die für die nächste Periode erwartete Wachstumsrate des Umsatzes.

---

[107] Wirtschaftlichkeitsrechnung bei unsicheren Erwartungen, Köln und Opladen 1959.

[108] *Heinen*, E., Die Zielfunktion der Unternehmung, in: *Koch*, H., (Hrsg.), Zur Theorie der Unternehmung, Festschrift zum 65. Geburtstag von Erich Gutenberg, S. 9 ff., hier S. 28.

2. Eine Wachstumsstrategie ist eine Regel für den Einsatz bestimmter Aktionsparameter des Unternehmens in Abhängigkeit von den Daten des Unternehmenswachstums. Die Aktionsparameter können als die abhängigen strategischen Variablen bezeichnet werden, während die Daten des Unternehmens, die in die Strategie eingehen, die unabhängigen strategischen Variablen sind. Die Wachstumsstrategie kann mithin formal durch $\sigma(X|Y)$ ausgedrückt werden, worin X die Aktionsparameter und Y die unabhängigen strategischen Variablen wiedergeben.

   Wegen der großen Unsicherheit der Zukunft im Wachstumsprozeß ist der Vergleich zweier Wachstumsstrategien σ_i und σ_j auf Grund der erwarteten Gewinne aus den Strategien nicht möglich. Das Kriterium für die Auswahl einer Wachstumsstrategie ist mithin entweder der Gewinn in der Vergangenheit oder der Gewinn bei Simulation des zukünftigen Wachstumspfades. Dieses letzte Kriterium wird hier angewandt.

3. Jede Wachstumsstrategie muß berücksichtigen, daß ein zu geringes Wachstum finanzielle Probleme hervorrufen kann, während ein zu starkes Wachstum innerbetriebliche Anpassungsschwierigkeiten mit sich bringt. Ich nenne eine Wachstumsstrategie zulässig, wenn sie die Stabilität des Unternehmens nicht gefährdet. Stabilität des Unternehmens liegt vor, wenn die die Existenz des Unternehmens bedrohenden Faktoren so von der Unternehmensleitung kontrolliert und kompensiert werden können, daß der Bestand des Unternehmens nicht gefährdet ist. Genügt der Wachstumsprozeß im Unternehmen den Stabilitätsbedingungen, ist das Wachstum „zulässig“. Werden die Stabilitätsbedingungen in einem bestimmten Zeitpunkt verletzt, befindet sich das Wachstum im unzulässigen Bereich. Die Wahrscheinlichkeit eines Zusammenbruchs des Unternehmens ist groß und kann im allgemeinen durch Entscheidungen des Unternehmens allein nicht vermindert werden.

4. In dem Modell werden Stabilitätsbedingungen der Außenorganisation und der Innenorganisation unterschieden:

   a) Stabilitätsbedingungen der Außenorganisation sind:

      Erstens, die „Erfolgsbedingung“: Die Erträge müssen die Kosten um die notwendigen Ausschüttungen übersteigen. Die Höhe der notwendigen Ausschüttungen hängt von der Unternehmensform und vom Anspruchsniveau der Kapitaleigner ab. Das Anspruchsniveau der Aktionäre einer Aktiengesellschaft kann z. B. lauten: die Dividende eines Geschäftsjahres muß mindestens in der Höhe der Vorjahresdividende erzielt werden. Die notwendigen Ausschüttungen können höchstens bis Null gesenkt werden.

Zweitens, die „Liquiditätsbedingung“: Das Unternehmen hat zu beachten, daß das finanzielle Gleichgewicht in jeder Periode gewahrt bleibt. Nur bei Einhaltung dieser Bedingung ist eine Stabilität des Unternehmens gewährleistet[109].

b) Stabilitätsbedingungen der Innenorganisation:

Erstens, die „Planungsbedingung“: Die Planungsarbeiten dürfen die Kapazität der Planungsabteilung nicht übersteigen. Kurzfristige innerbetriebliche Entwicklungsaufträge sind teurer als langfristige.

Zweitens, die „Koordinationsbedingung“: Die personellen und sachlichen Umstellungen im Unternehmen dürfen ein bestimmtes Maß in der Zeiteinheit nicht übersteigen. Ist die Umstellungsrate größer, dann treten Koordinationsprobleme und innerbetriebliche Konfliktsituationen auf, die die Stabilität des Unternehmens gefährden[110].

Diese Stabilitätsbedingungen bilden den Spielraum des Unternehmens, innerhalb dessen sich zulässiges Wachstum vollziehen kann. Solange die tatsächliche Entwicklung des Unternehmens sich innerhalb des Wachstumsspielraumes bewegt, kann der Wachstumsprozeß automatisch ablaufen. Es sei hier von *routinemäßigem Wachstum* gesprochen. Ist eine der Stabilitätsbedingungen jedoch streng erfüllt, stößt also das tatsächliche Wachstum an eine Grenze des Bereichs zulässigen Wachstums, dann tritt eine Wachstumskrise ein. Der automatische Wachstumsprozeß wird gestoppt. Greift die Unternehmensleitung nicht ein, tritt die tatsächliche Entwicklung des Unternehmens in den Bereich unzulässigen Wachstums mit der erhöhten Gefahr des Zusammenbruchs. Wir wollen diejenigen Punkte, an denen die tatsächliche Entwicklung an die Grenze des Wachstumsspielraumes stößt, als *Grenzpunkte des Unternehmenswachstums* bezeichnen. Abbildung 4 gibt diese Punkte wieder.

---

109 In dem Geschäftsgrundsatz der Firma Bosch: „Lieber Geld verlieren als Vertrauen“, kommt diese Strukturbedingung deutlich zum Ausdruck. Vgl.: Bosch baut schweren Zeiten vor, Der Volkswirt 1962, S. 1812.

110 Hinweise auf solche kritischen Wachstumsraten im betrieblichen Wachstumsprozeß finden sich in der Literatur häufig. Vgl. z. B. *Wood*, M. K., Representation in a Linear Model of Non-Linear Growth in the Aircraft Industry, in *Koopmans*, T. C., (Hrsg.), Activity Analysis of Production and Allocation, New York 1951, S. 216; „There appears to be a limit to the rate at which the industry can grow over time even if there are no shortages of the material necessary for the production processes.“ *Penrose*, E. T., Limits to the Growth and Size of Firm, a. a. O., bes. S. 541; dieselbe, The Theory of the Growth of the Firm, a. a. O., z. B. S. 31, 44 ff.; *Rexhausen*, F., Der Unternehmer und die volkswirtschaftliche Entwicklung, a. a. O., S. 83; *Haire* M., Biological Models and Empirical Histories of the Growth of Organizations, a. a. O., bes. S. 284 ff.; *Levy*, S. und G. *Donhowe*, a. a. O., S. 335; *Robinson*, E. A. G., The Structure of Competitive Industry, New York 1932, S. 56; *Mackintosh*, The Development of Firms, a. a. O.

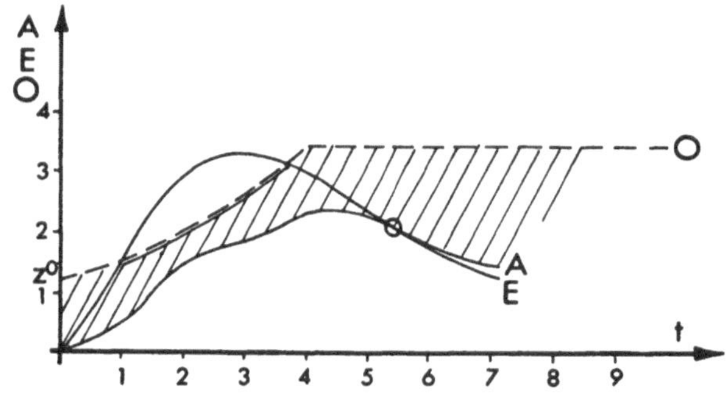

Abbildung 4

Die ausgezogene Kurve E zeigt den möglichen Umsatzverlauf. Unter dem möglichen Umsatzverlauf wird der auf Grund der Marktsituation erzielbare Umsatz verstanden. Der mögliche Umsatz kann nur insoweit realisiert werden, als er in den Bereich des zulässigen Wachstums fällt. Die gestrichelte Fläche in Abbildung 4 stellt den Bereich zulässiger Umsatzverläufe dar. Man erkennt, daß ein Teil des möglichen Umsatzes außerhalb des zulässigen Wachstumsspielraumes liegt.

Die in dem Modell unterstellte Form des möglichen Umsatzes über die Zeit entspricht im wesentlichen den Lebenszyklen von Produkten, die man in der Praxis beobachtet hat[111]. Selbst in einer so kurzen Periode

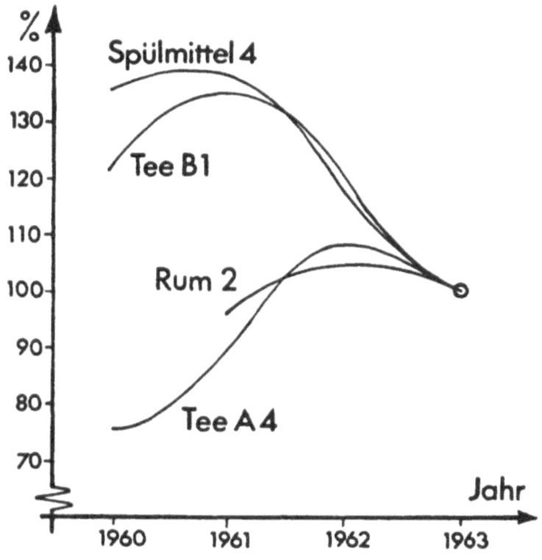

Abbildung 5

[111] Vgl. z. B. *Green*, E. J., Planning for Profits and Growth, in: Stanford

wie dem Zeitraum von 1960 bis 1963 läßt sich dieser Verlauf der Lebenszyklen aus dem Nielsen-Kolonialwarenindex für einige Waren belegen. Abbildung 5 stellt einige Indexreihen graphisch dar.

Unter 17 Marken, deren Indexreihen für den Zeitraum von 1960 bis 1963 vorlagen, befindet sich nur eine, deren Index erst sinkt und dann steigt. Nur eine Marke widerspricht also dem hier unterstellten typischen Verlauf des Lebenszyklus von Produkten. Die Kurve 0 in Abbildung 4 zeigt den auf Grund der Koordinationsbedingungen maximal möglichen Umsatz. Die Kostenkurve A gibt die Untergrenze des Bereiches zulässigen Wachstums wieder. Sie ist eine Funktion der tatsächlichen Umsatzentwicklung. Der erste obere Grenzpunkt liegt bei $t = 1$. Hier stößt der tatsächliche Umsatz an die Grenze des Wachstumsspielraumes. In jedem folgenden Jahr bis kurz vor dem Ende des 4. Jahres läuft der tatsächliche Umsatz an der Obergrenze des zulässigen Wachstumsspielraumes. Betrachtet man nur die Jahresendpunkte, dann stößt das Wachstum des Unternehmens an drei obere Grenzpunkte an. Der untere Grenzpunkt liegt kurz hinter $t = 5$. In diesem Punkt ist die „Erfolgsbedingung“ $A = E$ streng erfüllt. In den vier Grenzpunkten des Unternehmenswachstums treten Störungen des Wachstumsprozesses auf, die von der Unternehmensleitung durch eine spezielle Entscheidung beseitigt werden müssen[112]. Wird die Obergrenze des Wachstumsspielraumes erreicht, also bei $t = 1$, dann kann der Umsatz auf das der kritischen Umstellungsrate der innerbetrieblichen Organisation entsprechende Maß reduziert werden. Diese Entscheidung wird in dem Modell getroffen. Die Differenz zwischen erzielbarem Umsatz und betrieblich möglichem Umsatz ist der Nachfrageüberhang. Er kann dann, wenn die nichtbefriedigten Kunden zu warten bereit sind, als Auftragsbestand in die nächste Periode übertragen werden. Sind die Kunden ungeduldig, geht diese Nachfrage dem Unternehmen verloren. Diese Annahme wird hier gemacht. Im Zeitpunkt $t = 3{,}7$ hört die Koordinationsbedingung auf, bindend zu sein. Der Umsatz sinkt wegen des schwindenden akquisitorischen Potentials des Unternehmens. In $t = 5{,}5$ wird der untere Grenzpunkt erreicht. Diese Situation ist ungleich kritischer als die bei Erreichen der oberen Grenzpunkte. Der Umsatz des einen Produktes reicht nicht aus, das Wachstum des Unternehmens im zulässigen Bereich zu halten. Die Unternehmensleitung muß ein neues Produkt in das Fertigungsprogramm aufnehmen. Wegen der Unsicherheit darüber, ob der Markt dieses Produkt aufnehmen wird, müssen jedoch umfangreiche Planungs-

---

Research Institute, Background Papers for the SRI-Conference on Planning for Industrial Growth, Menlo Park, Calif. 1963, S. 10.

[112] Bezeichnenderweise ordnet Gutenberg diese Funktion der Unternehmensleitung zu. Vgl. *Gutenberg*, E., Unternehmensführung — Organisation und Entscheidungen, in: Die Wirtschaftswissenschaften, Wiesbaden 1962, S. 71 ff.

arbeiten durchgeführt und Testserien hergestellt werden. Selbst wenn die Entscheidung für ein Produkt gefallen ist, wird die Produktion nur allmählich anlaufen können, da wiederum in Übereinstimmung mit den empirischen „Lebenskurven" von Produkten angenommen wird, daß der Absatz des neuen Produktes einen S-förmigen Kurvenverlauf über die Zeit hat. Bis ein Umsatz erzielt wird, der zusammen mit dem sinkenden Umsatz des alten Produktes den Erfolgs- und Liquiditätsbedingungen genügt, vergeht wegen der Planungs- und Koordinationsbedingungen Zeit. Die Entscheidung über die Aufnahme eines neuen Artikels in das Produktionsprogramm muß also um die Planungs- und Entwicklungszeit und um die notwendige Einführungszeit vor dem Zeitpunkt getroffen werden, in dem die Wachstumsrate des Gesamtumsatzes auf das kritische Niveau der Liquiditätsbedingung fällt. Die Einführungszeit sei dabei so definiert, daß an ihrem Ende die Wachstumsrate des Gesamtumsatzes aus den beiden Produkten die Einhaltung der Liquiditätsbedingung gewährleistet. Wird die Entscheidung später getroffen, bricht das Unternehmen zusammen.

Wegen der Unsicherheit der Zukunft läßt sich der Zeitpunkt der Aufnahme der Forschungs- und Entwicklungstätigkeit nicht aus einem Plankalkül optimal bestimmen. In dem Modell wird davon ausgegangen, daß das Unternehmen nur „Sicht" für eine einzige Periode hat. Als Entscheidungskriterien lassen sich daher Kapitalwerte der zukünftigen Nettoeinzahlungen nicht verwenden. Der Zeitpunkt, in dem die Forschungs- und Entwicklungstätigkeit aufgenommen werden muß, ergibt sich aus der Wachstumsstrategie.

Bei der Bestimmung dieser Wachstumsstrategie spielt nun die kritische Wachstumsrate eine entscheidende Rolle. Unter der kritischen Wachstumsrate wird diejenige Wachstumsrate des Umsatzes verstanden, bei der die Unternehmensleitung eine Entscheidung über den Einsatz von Aktionsparametern trifft. Sinkt die Wachstumsrate des Unternehmens auf die kritische Wachstumsrate ab, so ist das ein Signal für die Unternehmensleitung, eine Wachstumsentscheidung zu treffen und die Richtung festzulegen, in der die weitere Expansion des Unternehmens vorwärtsgetrieben werden soll. Es liegt auf der Hand, daß die minimale kritische Wachstumsrate dort liegt, wo der verbleibende Umsatz aus den bereits eingeführten Produkten des Unternehmens gerade noch so lange im zulässigen Wachstumsspielraum liegt, bis die Forschungs- und Entwicklungstätigkeit für ein neues Produkt abgeschlossen und das Produkt am Markt eingeführt ist. Wegen der Unsicherheit über die zukünftige Umsatzentwicklung der vorhandenen Produkte und (im stochastischen Modell) der Unsicherheit über den Erfolg der Forschungs- und Entwicklungstätigkeit läßt sich diese minimale kritische Wachstumsrate aber nicht genau vorherbestimmen. Die kritische Wachstumsrate ist also in dem Modell eine die Wachstumsstrategie des Unternehmens kennzeichnende strategische Variable. Je aggressiver die Wachstumspolitik eines Unternehmens ist, umso höher wird die kritische Wachstumsrate vom Unternehmen angesetzt werden. Je weniger dynamisch dagegen die Unternehmenspolitik ist, desto niedrigere kritische Wachstumsraten werden in der Wachstumsstrategie erscheinen.

In der Praxis werden diese kritischen Wachstumsraten häufig als befriedigende Wachstumsraten bezeichnet. Solange die Umsatzentwicklung über diesen befriedigenden Wachstumsraten liegt, braucht keine Entscheidung getroffen zu werden. Erreicht dagegen die Umsatzentwicklung die befriedigende Wachstumsrate, dann müssen Entscheidungen gefällt werden. Daher erscheint die kritische Wachstumsrate wie ein Anspruchsniveau der Umsatzentwicklung, das das Unternehmen stets erreichen will[113]. Das Anspruchsniveau ist in dem Wachstumsmodell dagegen kein Ziel an sich, sondern eine kritische Grenze, die zur Bestimmung des Zeitpunktes, in dem eine spezielle Wachstumsentscheidung erforderlich ist, notwendig ist.

Die Zeitpunkte, in denen spezielle Wachstumsentscheidungen erforderlich werden, sollen *kritische Kontrollpunkte* genannt werden. Die oberen Grenzpunkte fallen mit kritischen Kontrollpunkten zusammen. Die unteren kritischen Kontrollpunkte liegen dagegen zeitlich vor den unteren Grenzpunkten. Das zwischen zwei kritischen Kontrollpunkten automatisch ablaufende Unternehmenswachstum bezeichne ich als „kontrolliertes Wachstum". Eine tatsächliche Entwicklung mit Wachstumsraten unter der strategischen Wachstumsrate wird als „kritisches Wachstum" bezeichnet. Die speziellen Entscheidungen an den kritischen Kontrollpunkten lösen Wachstumsschübe aus. Sind diese ausreichend, das Unternehmenswachstum im Bereich eines Wachstums in Kontrolle zu halten, wird von *kontrollierten Wachstumsschüben* gesprochen.

Aus der Vielzahl der möglichen Führungsentscheidungen in kritischen Kontrollpunkten werden in den Modellen nur zwei berücksichtigt: Wird der obere kritische Kontrollpunkt errreicht, ist die tatsächliche Umsatzentwicklung auf das betrieblich mögliche Niveau zu drosseln. Der Nachfrageentgang muß in Kauf genommen werden. Wird der untere kritische Kontrollpunkt (Absinken des Umsatzes auf das Anspruchs-

---

[113] Vgl. zur psychologischen Theorie des Anspruchsniveaus *Dembo*, T., Der Ärger als dynamisches Problem, Psychologische Forschung 1931, S. 1; *Frank*, J. D., Recent Studies of the Level of Aspiration, Psychological Bulletin 1941, S. 218; *Rotter*, J. B., Level of Aspiration as a Method of Study in Personality, I, A Critical Review of Methodology, Psychological Review 1942, S. 463; *Levin*, K., T. *Dembo*, L. *Festinger* und P. S. *Sears*, Level of Aspiration, in: *Hunt*, I. Mc. V. (Hrsg.), Personality and the Behaviour Disorders, I. Band, New York 1944, S. 333.

niveau) erreicht, dann wird eine Entscheidung über die Aufnahme der Forschungs- und Entwicklungstätigkeit für ein neues Produkt getroffen. Diese Entscheidung ist komplexer Natur: Die Planungsarbeiten führen bei optimaler Auslastung der Planungsabteilung in einer bestimmten Zeit zu einem marktfähigen Produkt. Die Planungsarbeit kann aber auch intensiviert werden, so daß nach kürzerer Zeit ein verwertbares Erzeugnis entwickelt ist. Das ist aber mit höheren Kosten verbunden. Ist die Planungsabteilung noch mit der Entwicklung eines Produktes beschäftigt, verzögert sich die Aufnahme der Forschungsarbeit für das neue Produkt.

b2) Das WG-Modell

Das Grundmodell wird nun in einem Wachstumsmodell konkretisiert, dessen Wachstumsstrategie durch nur zwei unabhängige Variable, nämlich die kritische Wachstumsrate W und den Trägheitsgrad G gekennzeichnet ist.

Der Kerngedanke der WG-Wachstumsstrategie ist der folgende: Die Absatzprognosen des Unternehmens ermöglichen nur eine Vorhersage des Umsatzes in der nächsten Periode. Die weiter in der Zukunft liegende Umsatzentwicklung ist nicht bekannt. Die Wachstumsentscheidungen können sich daher nur auf einen Vergleich des für die folgende Periode erwarteten Umsatzes mit dem Umsatz der laufenden Periode stützen. Liegt nun der zu erwartende Umsatz der folgenden Periode unter dem Umsatz, der der kritischen Wachstumsrate des Umsatzes entspricht oder wird er diesem gleich, dann ist die Forschungstätigkeit zur Entwicklung neuer Produkte aufzunehmen. Liegt der zu erwartende Umsatz nur geringfügig unter dem der kritischen Wachstumsrate entsprechenden Umsatz, dann kann ein normaler Entwicklungsauftrag gegeben werden. Liegt er dagegen beträchtlich unter diesem Umsatz, dann ist ein dringender innerbetrieblicher Entwicklungsauftrag zu geben. Die Forschungs- und Entwicklungsaufträge werden von der Planungsabteilung bearbeitet. Ist die Planungsabteilung in der Periode, in der ein normaler Entwicklungsauftrag an sie gegeben wird, noch beschäftigt, dann wird die Entwicklung aufgeschoben und wird automatisch ein Eilauftrag. Erhält die Planungsabteilung in einer Periode, in der die Entwicklung eines früheren Auftrages noch nicht abgeschlossen ist, einen Eilauftrag, dann wird die Ausführung dieses Eilauftrages verschoben, bis die bereits begonnene Entwicklung abgeschlossen ist. Im deterministischen WG-Modell ist der Erfolg eines Entwicklungsauftrages sicher. Im stochastischen WG-Modell ist der Erfolg eines Forschungs- und Entwicklungsauftrages dagegen eine zufällige Größe.

α) Das deterministische WG-Modell

Das deterministische WG-Modell beruht auf den beiden Erklärungsfunktionen

Umsatzfunktion des Erzeugnisses (34) $\tilde{E}_j = f_j(t_j)$

Kostenfunktion des Erzeugnisses (35) $A_{jt} = \alpha E_{jt} + \beta E_{jt-1} + \gamma.$

darin sind:

t_j — das „Lebensalter" des j-ten Produkts. Das Alter eines Produkts gibt die Zahl der Jahre an, die seit der Aufnahme der Produktion dieses Produktes vergangen sind.

α, β — Konstante.

γ_j — Abschreibung auf die Forschungsausgaben, die für das j-te Produkt getätigt worden sind.

E_j — tatsächlicher Umsatz des j-ten Produkts.

$\tilde{E}_j$ — erzielbarer Umsatz des j-ten Produkts.

Die Erlösfunktion (34) beschreibt den „Lebenszyklus" eines Produkts. In dem Lebenszyklus spiegeln sich die Besonderheiten des Produkts und der Branche, der das Produkt angehört, wider. So haben modische Artikel einen kürzeren und steileren Umsatzverlauf als z. B. nicht markengebundene Lebensmittel. Ersatzteile langlebiger Konsumgüter haben einen längeren und in den letzten Jahren nur allmählich abnehmenden Umsatzverlauf, während die langlebigen Konsumgüter selbst infolge des technischen Fortschritts eine steil abfallende Umsatzentwicklung aufweisen. In dem Funktionstyp f_j können also die Produkteigenschaften sinnvoll ausgedrückt werden. Die Erlösfunktion (34) abstrahiert dagegen von dem gesamtwirtschaftlichen Wachstum, dem Branchenwachstum, der Konkurrenz mit gleichartigen Produkten anderer Unternehmen derselben Branche und schließlich von dem Einfluß des Sortiments auf den Absatz des Produktes. Komplementäre oder substitutive Effekte zwischen den Gütern des Sortiments, das von dem Unternehmen angeboten wird, werden in (34) nicht berücksichtigt. Auch eine Beeinflussung des Absatzes durch Einsatz des absatzpolitischen Instrumentariums, insbesondere durch die Preispolitik des Unternehmens, ist in diesem Wachstumsmodell ausgeschaltet. Diese Annahmen über den Absatzmarkt des Unternehmens erscheinen in der Tat als „heroic assumptions". Gleichwohl sollen sie hier gemacht werden, um die Wirkung der verschiedenen Wachstumsstrategien isoliert ableiten zu können.

Die Kostenfunktion (35) ist aus der allgemeinen Kostenfunktion

(36) $$A_{jt} = A_{vjt} + A_{Fjt}$$

abgeleitet. Darin sind

A_{vjt} — die variablen Kosten des j-ten Produktes in der t-ten Periode,

A_{Fjt} — die fixen Kosten des j-ten Produktes in der t-ten Periode.

Die fixen Kosten sind eine Funktion der Produktionskapazität $\mathfrak{K}_{jt}$, die in der t-ten Periode zur Produktion des j-ten Produktes eingesetzt wird.

(37) $$A_{Fjt} = \eta \mathfrak{K}_{jt}$$

Die variablen Kosten hängen vom Umsatz der Periode ab

(38) $$A_{vjt} = \alpha E_{jt}$$

Die Produktionskapazität einer Periode $\mathfrak{K}_{jt}$ ist das Ergebnis von Investitionsentscheidungen der Vorperioden. Die Investitionsentscheidung eines Jahres orientiert sich an dem Umsatz der betreffenden Periode. Es gilt also die Investitionsfunktion

(39) $$\mathfrak{K}_{jt} = \varepsilon E_{jt-1}$$

Hierbei handelt es sich um eine Investitionsfunktion, die die Gültigkeit des Akzeleratorprinzips bei Investitionsentscheidungen unterstellt. Auf die Problematik einer solchen Annahme braucht hier nicht eingegangen zu werden. Sie ist jedem, der sich mit der Investitionstheorie beschäftigt hat, hinlänglich bekannt. Die Investitionsfunktion dient hier nur als ein erster einfacher Ansatz.

Die Kapazität der ersten Periode ist wegen $E_{jt-1} = 0$ gleich Null. Da das Modell annimmt, daß Reservekapazitäten in so großer Zahl vorhanden sind, daß die Kapazität den Wachstumsspielraum nie beschränken kann, ist diese Annahme vertretbar.

Die Kostenfunktion wird unter Beachtung von (39) zu

(40) $$A_{jt} = \alpha E_{jt} + \beta E_{jt-1}$$

($\beta = \varepsilon\eta$; α, β Konstante)

Die Kosten erhöhen sich um die Abschreibungen auf die Versuchskosten γ_{jt}. Die gesamten Versuchskosten eines Produktes sind

(41) $$V_j (T_j) = v_j (T_j) \cdot T_j$$

Darin sind

T_j — die Planungszeit für die Entwicklung des j-ten Produktes

$v_j (T_j)$ — die Planungsausgaben pro Zeiteinheit. Diese sind in dem WG-Modell konstant.

Die verrechneten Versuchskosten sind folglich bei linearer Abschreibung

(42) $$\gamma_j = \frac{V_j (T_j)}{n_j}$$

wenn n_j die Abschreibungsdauer der Entwicklungsausgaben ist. Die Abschreibungsdauer ist wegen der Unsicherheit der Zukunft und der damit verbundenen Gefahr, die Versuchskosten nicht voll auf das Produkt abschreiben zu können, wenn die Abschreibungsdauer länger als die optimale Produktionsdauer des Erzeugnisses gewählt wird, über einen kürzeren Zeitraum abzuschreiben[114]. In dem Modell wird n_j als durch die Bilanzierungspraxis gegeben angenommen.

Die Kostenfunktion erhält also ihre endgültige Form

(43) $$A_{jt} = \alpha E_{jt} + \beta E_{jt-1} + \gamma_j \quad t = 0,1,\ldots;$$

darin ist

(44) $$\gamma_j \begin{Bmatrix} > \\ = \end{Bmatrix} 0 \quad \text{für } t_j + T_j - n \begin{Bmatrix} \leq \\ > \end{Bmatrix} 0$$

Die Stabilitätsbedingungen lauten:

Erfolgsbedingung

(45) $$A_t \leqq E_t$$

Koordinationsbedingung

(46) $$\sum_J \tilde{E}_{jt} \leq (1+\xi) \max \begin{Bmatrix} Z^0 \\ \max\limits_{0 \leq t^* \leq t-1} \sum_J E_{jt^*} \end{Bmatrix}$$

Planungsbedingungen sind:

Forschungsbedingung

(47) $$B_{j+1\,t} \begin{Bmatrix} = \\ \geq \end{Bmatrix} 0 \text{ falls } B_{jt} \begin{Bmatrix} > \\ = \end{Bmatrix} 0$$

Ablaufbedingung

(48) $$t_j \begin{Bmatrix} = \\ \geq \end{Bmatrix} 0 \text{ falls } B_{jt} \begin{Bmatrix} > \\ = \end{Bmatrix} 0$$

Darin sind

ξ — Umsatzwachstumsrate, die der maximalen Umstellungsrate der innerbetrieblichen Organisation entspricht.

Z^0 — Umsatzkapazität der Organisation im Zeitpunkt der Gründung.

T_j — Planungskapazität für das j-te Produkt.

j — fortlaufende Produktnummer.

B_{jt} — Belegung der Planungsabteilung in der t-ten Periode mit dem j-ten Produkt.

Es gelten die Definitionen

(49) $$A_t = \sum_{j \varepsilon \{m_t\}} A_{jt}$$

(50) $$\xi_t = \sum_{j \varepsilon \{m_t\}} \xi_{jt}$$

(51) $$r_t = \frac{\tilde{E}_t}{\tilde{E}_{t-1}} - 1$$

---

114 Wird die optimale Nutzungsdauer aus der Bedingung $A_{vjt} = E_{jt}$ bestimmt und die Abschreibungsdauer gleich der optimalen Nutzungsdauer gesetzt, so erhält man $t = \Phi(T)$. Je länger die Entwicklungszeit und entsprechend niedriger die Kosten, desto länger die wirtschaftliche Lebensdauer

Darin sind

r_t — mögliche Wachstumsrate des t-ten Jahres.

m_t — die Menge der Produktnummern, die in der t-ten Periode gefertigt werden.

In dem speziellen Modell ist also die Liquiditätsbedingung nicht explizit enthalten. Sie kann als in der Erfolgsbedingung (44) enthalten aufgefaßt werden. Das Unternehmen finanziert sein Wachstum nur aus dem Umsatz und hat nur ausgabenwirksame Kosten. Dieser Fall ist z. B. bei Unternehmen denkbar, die ihre Anlagen mieten.

Während aus der Kostenfunktion hervorgeht, daß Kapazitäten wieder abgebaut werden, wenn der Umsatz zurückgeht, wird bei der Koordinationsbedingung (47) davon ausgegangen, daß das Unternehmen die Personalausstattung auf dem einmal erreichten Niveau hält, und zwar auch dann, wenn der Absatz zurückgeht.

Durch Zusammenfassung der Erfolgsbedingung und der Koordinationsbedingungen ergibt sich die Definition zulässigen Wachstums:

(52) $$\sum_j \alpha^* E_{jt-1} + \gamma^* \sum_j \gamma_j \leq \sum_j E_{jt} \leq (1+\xi) \max \begin{Bmatrix} Z^o \\ \max\limits_{o \leq t^* \leq t-1} \sum_j E_{jt^*} \end{Bmatrix}$$

Darin ist

(53) $$\alpha^* = \frac{\beta}{1-\alpha}$$

(54) $$\gamma^* = \frac{1}{1-\alpha}$$

Die Verhaltensfunktionen des Modells werden durch die folgenden Ausdrücke wiedergegeben: Das Unternehmen entscheidet auf Grund einer Wachstumsstrategie

$$\sigma = \left\{\sigma^o, \sigma^u\right\}$$

und speziell

(55) $$\sigma^o = \sigma^o \left(\tilde{E}_t \,\middle|\, Z^o, \max_{0 \leq t^* \leq t-1} E_{jt^*}\right)$$

(56) $$\sigma^u = \sigma^u \left(T \,\middle|\, r, W, G\right)$$

Die Strategie (55) ist dann anzuwenden, wenn der für die t-te Periode erwartete Umsatz die Obergrenze des Bereiches zulässigen Wachstums schneidet. Sie besagt: setze den tatsächlichen Umsatz so an, daß die Obergrenze des Bereichs zulässigen Wachstums nicht überschritten wird. Falls also der tatsächliche Umsatz höher ist als der zulässige Umsatz, muß auf die Befriedigung eines Teils der Nachfrage verzichtet werden. Ist dagegen der tatsächliche Umsatz niedriger oder gleich dem zulässigen Umsatz, dann braucht keine Entscheidung getroffen zu werden.

---

des Produktes. Das hier entwickelte Modell geht allerdings davon aus, daß die Entwicklungskosten bei zu langer Planungszeit wieder ansteigen.

Die Strategie (56) ist dann anzuwenden, wenn das Unternehmenswachstum auf die Untergrenze des kontrollierten Wachstums sinkt. Sie lautet:

$$(57) \qquad T_{j+1}\begin{Bmatrix} = \\ > \end{Bmatrix} 0 \text{ falls } r \begin{Bmatrix} > \\ \leq \end{Bmatrix} W$$

$$(58) \qquad T_{j+1} = \begin{Bmatrix} T_j^{normal} \\ T_j^{ell} \end{Bmatrix} \text{falls} \begin{Bmatrix} 0 \leq W - r \leq G \\ r < W + G \end{Bmatrix}$$

Der Bereich zulässigen Wachstums wird durch W in zwei Teilbereiche unterteilt.

Kontrolliertes Wachstum des Unternehmens liegt vor, falls

$$(59) \qquad (1+W)\sum_j E_{jt-1} \leq \sum_j E_{jt} \leq (1+\xi) \max \begin{Bmatrix} Z^o \\ \max\limits_{0 \leq t^* \leq t-1} \sum_j E_{jt^*} \end{Bmatrix}$$

Kritisches Wachstum des Unternehmens liegt vor, falls

$$(60) \qquad \sum_j \alpha^* E_{jt-1} + \sum_j \gamma^*_j \leq \sum_j E_{jt} < (1+W) \sum_j E_{jt-1}$$

Damit ist das Modell vollständig formuliert. Es handelt sich um ein System von linearen Differenzenungleichungen mit konstanten Koeffizienten[115]. Eine allgemeine Lösung für dieses allgemein formulierte Modell wird hier nicht gegeben. Die Wirkung der Wachstumsstrategie auf das Ausmaß der kontrollierten Wachstumsschübe soll vielmehr an einem speziellen Fall aufgezeigt werden.

Ein Unternehmen stellt zunächst ein Produkt her. Um die gewünschte Wachstumsrate aufrecht zu erhalten, entwickelt es neue Produkte und nimmt sie in sein Produktionsprogramm auf. Die Umsatzentwicklung ist bei jedem Produkt gleich. Die wirtschaftliche Lebensdauer eines Produktes sei $\bar{t}$ Jahre. Bei einer Planungs- und Entwicklungszeit von T Jahren können folglich maximal $\bar{t} : T$ Produkte von dem Unternehmen hergestellt werden. Dem Wachstum des Unternehmens sind also vom Markt und den innerbetrieblichen Bedingungen her Grenzen gesetzt. Innerhalb dieser Grenzen kann das Unternehmen aber vom Zeitpunkt der Gründung als Einproduktunternehmen wachsen. Ob und wann das Unternehmen seine maximale Betriebsgröße erreicht, hängt von seiner Wachstumspolitik ab.

Es werden vier Wachstumsstrategien unterschieden, die die Führungsentscheidung an den unteren kritischen Kontrollpunkten festlegen:

Strategie I: Niedrige kritische Wachstumsrate, hoher Grad der Trägheit gegenüber Abweichungen zwischen der tatsächlichen und der kritischen Wachstumsrate: W = 0,1, G = 0,25.

---

115 Die Konstanz der Koeffizienten wird aufgehoben, sobald Preisschwankungen oder in der Konjunktur variable Anspruchsniveaus berücksichtigt werden. Sobald kompliziertere Investitionsfunktionen betrachtet werden, ergeben sich Differenzenungleichungen höherer Ordnung.

Strategie II: Niedrige kritische Wachstumsrate, niedriger Trägheitsgrad: W = 0,1, G = 0,1.

Strategie III: Hohe kritische Wachstumsrate, niedriger Trägheitsgrad: W = 0,2, G = 0,1.

Strategie IV: Sehr hohe kritische Wachstumsrate, sehr niedriger Trägheitsgrad: W = 1,0, G = 0,0.

Das Simulationsmodell wird durch die folgenden Formeln wiedergegeben:

(61) $E_j = 3\,t_j^2\,2^{-t_j}$

(62) $A_{jt} = 0{,}33\,E_{jt} + 0{,}5\,E_{jt-1} + \gamma_j$

(63) $\gamma_j = 0{,}5\,T_j^{-2} - 2^{-T_j} + 0{,}5$

Es gelten:

$$\gamma_j \begin{Bmatrix} > \\ = \end{Bmatrix} 0 \text{ für } t_j + T_j - 4 \begin{Bmatrix} \leq \\ > \end{Bmatrix} 0$$

$$T_j^{normal} = 2$$

$$T_j^{eil} = 1$$

$$Z^\circ = 1,2$$

$$\xi = 0,3$$

Entscheidungen können nur in den Zeitpunkten zu Beginn einer Periode getroffen werden.

Zulässiges Wachstum liegt vor, falls

(64) $$0{,}75 \sum_j E_{jt-1} + 1{,}5 \sum_j \gamma_j \leq \sum_j E_{jt} \leq$$
$$\leq \max \left\{ 1{,}56;\ 1{,}3 \max_{0 \leq t^* \leq t-1} \sum_j E_{jt^*} \right\} \text{ für alle } t$$

Kontrolliertes Wachstum liegt vor, falls

(65) $$r \geq W \wedge \sum_j E_{jt} \leq \max \left\{ 1{,}561{,}3 \max_{0 \leq t^* \leq t-1} \sum_j E_{jt^*} \right\}$$

r wird an dem jeweils erzielbaren Umsatz (tatsächlicher Umsatz zuzüglich Nachfrageentgang) gemessen.

Die „Lösung“ des Modells ist in Abbildung 6 wiedergegeben. Bei Strategie I wird der späteste Zeitpunkt für die Aufnahme der Forschungs- und Entwicklungstätigkeit infolge der zu geringen Reagibilität auf Nachfrageveränderungen verpaßt. Das Unternehmen empfängt erst am Ende der dritten Periode bei Erreichen des unteren kritischen Kontrollpunktes das Signal zur Aufnahme der Forschungstätigkeit, nimmt diese Tätigkeit auch auf, ohne sie aber entsprechend zu forcieren. Der Gewinn der fünften Periode reicht nicht mehr aus, die Entwicklungskosten zu decken. Das Unternehmen erreicht am Ende der fünften Periode den unteren Grenzpunkt und bricht zusammen.

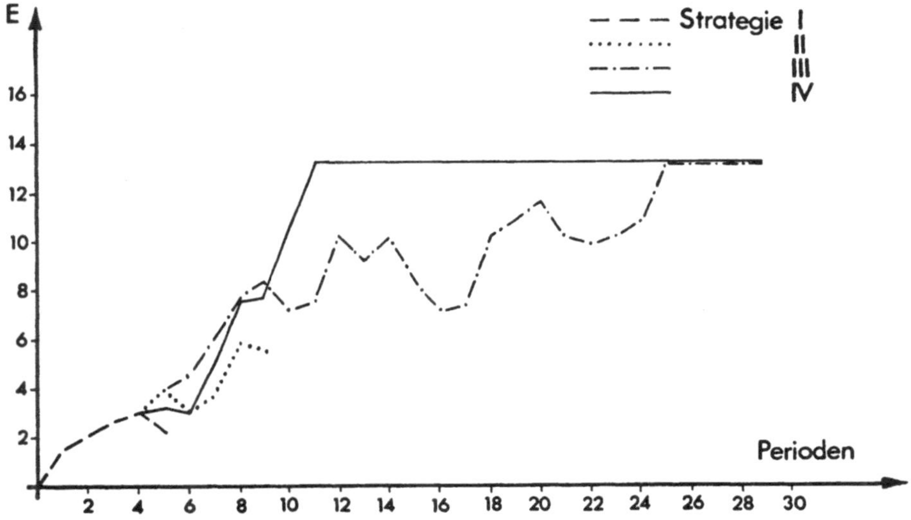

Abbildung 6

Auch Strategie II ist unzulässig. Ihre kritische Wachstumsrate W ist nicht hoch genug, rechtzeitig Signale zur Aufnahme der Forschungstätigkeit zu geben. Der Trägheitsgrad ist klein genug, so daß das Unternehmen bei Entscheidungssignalen stets Eilaufträge gibt, jedoch kommen diese Eilaufträge zu spät. In der neunten Periode ist die Forschung für das vierte Produkt angelaufen, der Umsatz deckt aber nun die Kosten nicht mehr. Das Unternehmen bricht zusammen.

Die Strategien III und IV erreichen wegen der großen Reagibilität der Wachstumspolitik auf abnehmende Wachstumsraten die maximale Betriebsgröße. Bei Anwendung der Strategie III braucht man allerdings mehr als die doppelte Zeit. Es ist aber bemerkenswert, daß die Strategie III bis zur achten Periode in bezug auf den Umsatz und bis zur fünfzehnten Periode (mit Ausnahme der fünften Periode) in bezug auf den Gewinn der Strategie IV überlegen ist. Das geht aus den Abbildungen 6 und 7 sowie den Tabellen 18, 21 und 22 hervor.

Die „kritische Wachstumsstrategie", die gerade noch ein Einschwingen in die maximal mögliche Unternehmensgröße gestattet, liegt bei $W = 0{,}14$ und $G = 0{,}1$.

Für die Beurteilung der Wachstumsstrategien kann aber nicht der stationäre Zustand nach Abschluß der Wachstumsphase entscheidend sein. Hierfür sind vielmehr die Gewinnentwicklung in der Wachstums-

Abbildung 7

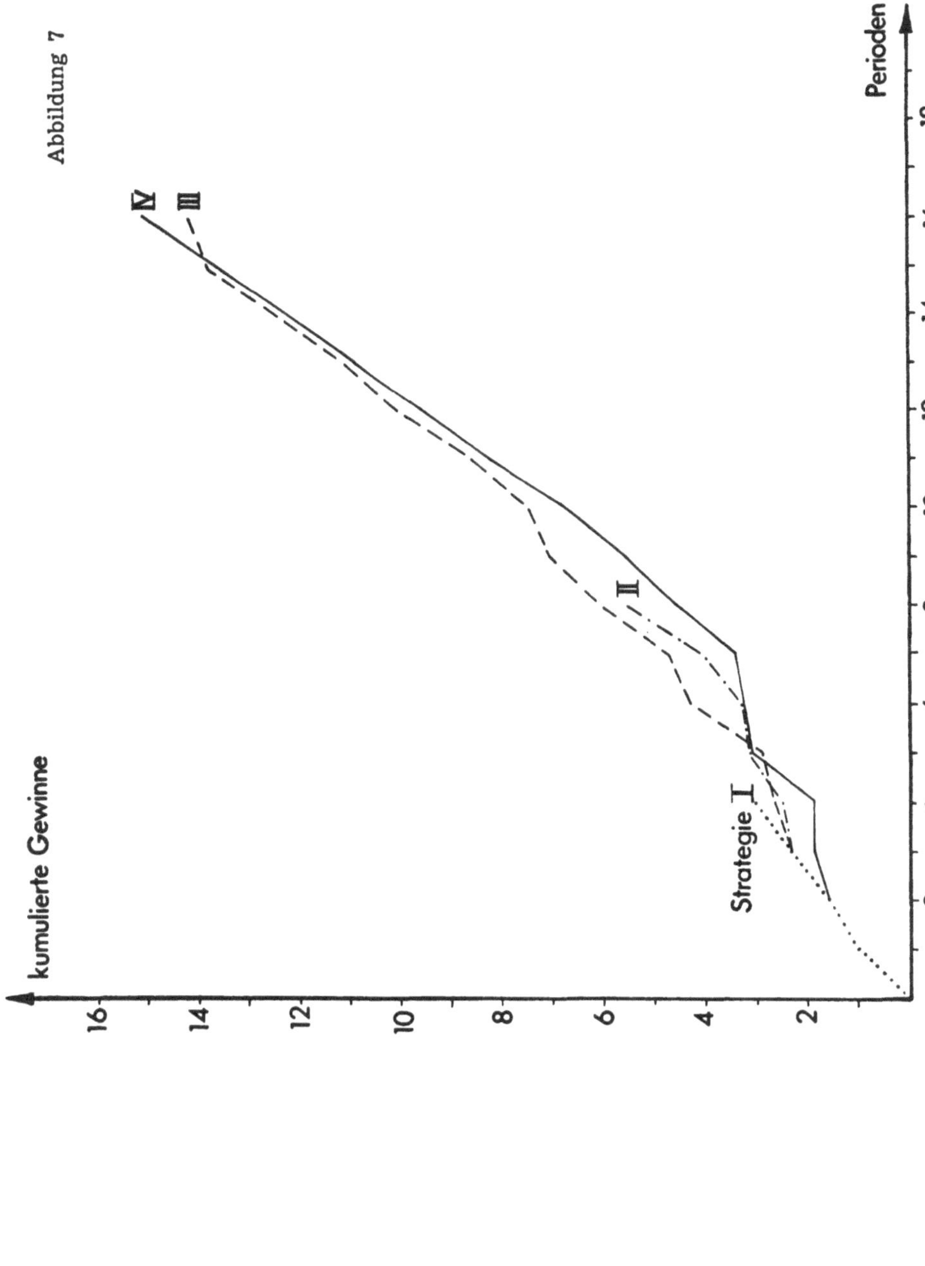
kumulierte Gewinne
Perioden
Strategie I
II
III
IV
16
14
12
10
8
6
4
2
2
4
6
8
10
12
14
16
18

phase und die Zahl der Krisensituationen infolge Erreichen der kritischen Kontrollpunkte maßgebend. Tabelle 17 gibt darüber Aufschluß.

Tabelle 17

Anzahl der erreichten Grenzpunkte und kritischen Kontrollpunkte bis zum Ende der Unternehmen oder der dreißigsten Periode

Strategie	Grenzpunkte		kritische Kontrollpunkte	
	unterer	oberer	oberer	unterer
I	1	2	2	1
II	1	3	3	3
III	–	4	4	22
IV	1	3	3	29

In der Wachstumsphase schwanken die jährlichen Wachstumsraten stark. Trotz gleicher Ausgangsbasis haben die Unternehmen bereits nach relativ kurzer Zeit stark voneinander abweichende Größen erreicht. Der Gewinn ist in der Wachstumsphase ein problematisches Indiz für den Erfolg des Unternehmens im Wachstum. Es zeigt sich sogar, daß die Forschungsaufwendungen auf die Gewinne in der Aufschwungsphase drücken. Sie sind ein Wechsel auf die Zukunft. Das wird besonders in dem UWG-Modell deutlich. Bei kurzen überschaubaren Perioden läßt sich eine Dominanz der Entscheidungsregeln aus der Gewinnentwicklung folglich kaum ableiten.

Ein großer Teil der Ergebnisse empirischer Analysen des Unternehmenswachstums läßt sich daher möglicherweise auf die unterschiedlichen Wachstumsstrategien der Unternehmen zurückführen. Ein derartiges Modell, in dem auch unterschiedliche Startbedingungen leicht berücksichtigt werden können, erscheint daher als ein sinnvolles Instrument zu der Erklärung betrieblicher Wachstumsphänomene. Die Hypothese, daß das Wachstum der Unternehmen (und ihr Untergang) aus der von ihnen angewandten Wachstumspolitik und ihrem Wachstumsspielraum erklärt werden kann, scheint auch empirischer Überprüfung leichter zugänglich als die von anderen Modellen des Wachstums von Unternehmen verwandten Hypothesen.

Tabelle 18

Kumulierte Gewinne

Jahr	Strategie I	Strategie II	Strategie III	Strategie IV
1	1,0	1,0	1,0	1,0
2	1,57	1,57	1,57	1,57
3	2,32	2,32	2,32	1,82
4	3,00	3,06	2,63	1,82
5	Verlust	3,31	2,87	3,00
6		4,01	4,25	3,25
7		5,53	4,66	3,45
8		Verlust	5,99	4,55
9			6,98	5,50
10			7,37	6,80
11			8,57	8,16
12			10,08	9,52
13			11,08	10,88
14			12,39	12,24
15			13,75	13,60
16			14,19	14,96
17			15,47	16,32
18			16,61	17,68
19			18,41	19,04
20			19,40	20,40
21			20,29	21,76
22			21,58	23,12
23			22,72	24,48
24			24,02	25,84
25			25,38	27,20
26			26,74	28,56
27			28,10	29,92
28			29,46	31,28
29			30,82	32,64
30			32,18	34,00

Tabelle 19

Wachstumsspielraum

Strategie I

Periode	Untergrenze	Umsatz	Obergrenze
0	0	0	1,2
1	0,5	1,5	1,56
2	1,46	2,03	2,03
3	1,89	2,64	2,64
4	2,32	3,0	3,43
5	2,65	2,34	3,90

Tabelle 20

Wachstumsspielraum

Strategie II

Periode	Untergrenze	Umsatz	Obergrenze
0	0	0	1,2
1	0,5	1,5	1,56
2	1,46	2,03	2,03
3	1,89	2,64	2,64
4	2,82	3,0	3,43
5	3,28	3,84	3,9
6	2,75	3,0	4,99
7	3,1	3,8	4,99
8	4,28	5,8	6,49
9	5,78	5,64	7,54

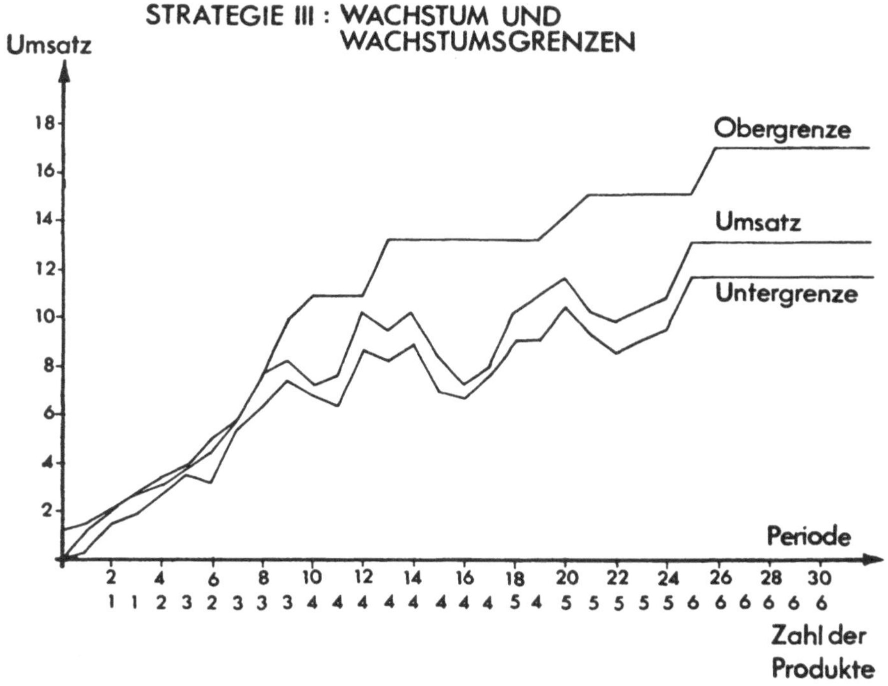
STRATEGIE III : WACHSTUM UND WACHSTUMSGRENZEN
Umsatz
18
16
14
12
10
8
6
4
2
Obergrenze
Umsatz
Untergrenze
Periode
2 4 6 8 10 12 14 16 18 20 22 24 26 28 30
1 1 2 3 2 3 3 3 4 4 4 4 4 4 4 4 5 4 5 5 5 5 5 6 6 6 6 6 6
Zahl der Produkte

Abbildung 8

Tabelle 21

Wachstumsspielraum

Strategie III

Periode	Untergrenze	Umsatz	Obergrenze
0	0	0	12
1	0,5	1,5	1,56
2	1,46	2,03	2,03
3	1,89	2,64	2,64
4	2,68	3,0	3,43
5	3,60	3,84	3,9
6	3,12	4,5	4,99
7	5,44	5,85	5,85
8	6,28	7,61	7,61
9	7,35	8,34	9,89
10	6,75	7,22	10,84
11	6,30	7,5	10,84
12	8,63	10,22	10,84
13	8,30	9,3	13,18
14	8,83	10,22	13,18
15	6 98	8,34	13,18
16	6,70	7,14	13,18
17	7,37	7,5	13,18
18	9,0	10,22	13,18
19	9,0	10,88	13,18
20	10,65	11,64	14,04
21	9,35	10,22	15,13
22	8,55	9,84	15,13
23	9,0	10,22	15,13
24	9,5	10,88	15,13
25	11,78	13,22	15,13
26	11,78	13,22	17,1

Tabelle 22

Wachstumsspielraum

Strategie IV

Periode	Untergrenze	Umsatz	Obergrenze
0	0	0	1,2
1	0,5	1,5	1,56
2	1,46	2,03	2,03
3	2,39	2,64	2,64
4	1,5	3,0	3,43
5	3,23	3,3	4,45
6	2,75	3,0	5,79
7	4,6	4,8	6,24
8	6,4	7,5	8,11
9	8,8	7,8	9,75
10	9,5	10,8	12,4
11	11,78	13,14	14,04
12	11,78	13,15	17,08
13	11,78	13,14	17,08
14	"	"	"
15	"	"	"
16	"	"	"

β) Das stochastische WG-Modell

Der Erfolg der Forschungs- und Entwicklungstätigkeit, die ein Unternehmen aufnimmt, um neue Produkte zu entwickeln, läßt sich im allgemeinen nicht vorhersagen. Die Erfolgswahrscheinlichkeiten sind natürlich in der Grundlagenforschung besonders gering. „Progress and basic research takes place in spurts or jumps. These spurts are by their very nature unpredictable[116].“ Auch in der angewandten Forschung läßt sich ein Erfolg nicht mit Sicherheit vorhersagen. Darauf weist Davidson sehr eindringlich hin[117]. „Wie schon erwähnt, ist es praktisch unmöglich, das genaue Ergebnis eines fortschrittlichen technischen Entwicklungsvorhabens vorauszusagen. Eines der anerkannten Berufsrisiken der fortschrittlichen Forschung ist die hohe Wahrscheinlichkeit, daß ein Vorhaben schließlich zu einem ganz anderen als dem ursprünglich erwarteten Ziel führt. Zum Trost dafür ist dann das Ergebnis zuweilen viel

---

[116] *Arthur,* D., Little Report to Naval Research Advisory Committee, in: Naval Research Advisory Committee, Basic Research in the Navy, Report of the Secretary of the Navy, Vol. I., S. 19.

[117] *Davidson,* W. L., Festlegung der Hauptziele einer fortschrittlichen technischen Entwicklung, in: American Management Association, Die Entwicklung neuer Produkte, Düsseldorf 1960, S. 33, hier S. 39.

erfreulicher und ertragreicher als das geplante Ziel. So erzählt Waldo Semon von der B. F. Goodridge Company besonders gern, wie er durch Zufall auf das weiche Polyvenylchlorid kam — aus dem heute die meisten Kunststoffvorhänge für Badezimmer, Regenmäntel, Bezüge für Polstermöbel und Schallplatten gemacht werden —, als er nach einem besseren Klebstoff für die Verbindung von Gummi und Metall suchte. (Um die Geschichte noch seltsamer zu machen, hat ein anderer Forscher von Goodridge später einen ausgezeichneten Klebstoff für Gummi auf Metall erfunden, als er ausgerechnet ein besseres Material für Schallplatten suchte!). Ich will hier sagen, daß angesichts der fraglichen Zielkunst der fortschrittlichen Forscher eine Firma mit vielerlei Erzeugnissen in einer weit besseren Lage ist, aus ihren Erfindungen Kapital zu schlagen, als eine Firma mit einem einzigen Produkt".

„Ich muß zwangsweise zur Schlußfolgerung kommen, daß es bisher nicht für jedes Industrieunternehmen gut gewesen wäre, an fortschrittliche technische Entwicklungsvorhaben zu denken. Für große, auf ihr Anwachsen bedachte Firmen mit vielerlei Erzeugnissen haben sich solche Geldanlagen als recht einträglich erwiesen. Kleinere Konzerne aber sind wahrscheinlich besser beraten, wenn sie sich auf die Verbesserung ihrer bestehenden Produkte beschränken oder neue Produkte entwickeln, die eng mit ihrem bewiesenen Können zusammenhängen." In einer Untersuchung von Davies über die pharmazeutische Industrie wird festgestellt, die Wahrscheinlichkeit, mit einem Team von drei Chemikern in drei Jahren ein marktfähiges erfolgreiches Produkt zu entwickeln, sei 0,25[118]. An anderer Stelle stellt Davies fest, daß im Durchschnitt ein marktfähiges Arzneimittel in zweihundert bis dreihundert Chemiker-Monaten gefunden wird. „Die Wahrscheinlichkeit, ein hervorragendes Arzneimittel zu entwickeln, ist um ein Vielfaches geringer als die Wahrscheinlichkeit, ein Mittel zu entdecken, das nur wenig besser ist als die bereits bekannten Mittel. Man kennt diese relativen Wahrscheinlichkeiten ziemlich genau. Sie sind etwa exponential verteilt[119]." Der Fehlschlag des Edsel, den die Ford Motor Company 1953 herausbrachte, ist ein anderes Beispiel für die der Entwicklung inhärenten Risiken. Im Jahre 1960 wurden zweiunddreißig neue Zigarettenmarken auf den deutschen Zigarettenmarkt gebracht, von denen nur drei erfolgreich waren[120]. McCarthy berichtet, „nach zuverlässigen

[118] Vgl. *Davies,* O. L., Some Statistical Considerations in the Selection of Research Projects in the Pharmaceutical Industry, Applied Statistics, Vol. XI (1962), S. 170, hier S. 182.

[119] *Davies,* O. L., Some Statistical Considerations in the Selection of Projects for Research in the Pharmaceutical Industry, Industrielle Organisation 1964, S. 137, hier S. 139.

[120] Vgl. *Herppich,* H. G., Das Markenbild als Element flexibler Absatzplanung in der Zigarettenindustrie, in: *Gutenberg,* E. (Hrsg.), Absatzplanung in der Praxis, Wiesbaden 1962, S. 115, hier S. 120.

Schätzungen versagen 80 % aller neuen Produkte“[121]. Das gleiche Ergebnis wird von Baker wiedergegeben: „man schätzt, daß nur eines von je fünf in den letzten Jahren in Amerika entwickelten Produkten Erfolg hatte“[122].

Die Unsicherheit über den Erfolg einer Produktentwicklung ist also ein konstituierendes Element des Unternehmenswachstums. Es ist gezeigt worden, daß die Wachstumsraten von Unternehmen mit erfolgreicher Forschung über den Wachstumsraten von Firmen liegen, die Fehlentwicklungen tätigen. Im Fehlschlag von Forschungs- und Entwicklungsarbeiten liegt einer der Gründe für den Zusammenbruch von Unternehmen. Die Unsicherheit über den Entwicklungserfolg muß daher in einem Modell des wachsenden Unternehmens berücksichtigt werden.

Die Erfolgswahrscheinlichkeit eines Entwicklungsprogramms hängt von der Höhe des für dieses Programm eingesetzten Forschungsaufwandes, von der Entwicklungszeit und von der Zahl der einzelnen Entwicklungsaufträge im gesamten Entwicklungsprogramm ab. Je höher der Forschungsaufwand und je länger die Forschungszeit, die für einen bestimmten Entwicklungsauftrag eingesetzt werden, sind, umso größer ist die Erfolgswahrscheinlichkeit. Darüber hinaus hängt die Erfolgswahrscheinlichkeit eines Forschungsprogramms von der Diversifikation der einzelnen Forschungsaufträge innerhalb des Programms ab. Darauf hat vor allem Davies hingewiesen[123].

In dem stochastischen WG Modell wird der Erfolg einer Produktentwicklung als eine zufällige Variable angesehen. Die Erfolgswahrscheinlichkeit beträgt bei jeder Produktentwicklung 50 %.

Die Erlösfunktion des stochastischen WG Modells lautet:

$$E_j = \chi_j f_j (t_j) \tag{66}$$

bzw. in dem speziellen Simulationsmodell

$$E_j = \chi_j \, 3 \, t_j^2 \, 2^{-t_j} \; . \tag{67}$$

Darin ist χ_j eine Zufallsvariable, die mit 50 % Wahrscheinlichkeit den Wert Null und mit 50 % Wahrscheinlichkeit den Wert 1 annimmt. Für den Fall, daß alle $\chi_j = 1$ sind, geht das stochastische WG-Modell in das deterministische WG-Modell über.

---

121 *McCarthy*, G. W., Festsetzung der Produktion und Ziele, in: American Management Association, Die Entwicklung neuer Produkte, a. a. O., S. 47.

122 *Baker*, M. H., Anpassung der Produktforschung an den Verkauf, in: American Management Association, Die Entwicklung neuer Produkte, a. a. O., S. 69.

123 *Davies*, O. L., Some Statistical Considerations in the Selection of Projects for Research in the Pharmaceutical Industry, Industrielle Organisation 1964, S. 142.

Die Erfolgsbedingung muß um die Kosten der Fehlentwicklung erweitert werden:

(68) $$A_t + \Gamma_t \leqq E_t \ .$$

Darin sind Γ_t die gesamten Aufwendungen der t-ten Periode für Fehlentwicklungen. Γ_t wird durch (69) definiert

(69) $$\Gamma_t = \sum_J \gamma_J$$ J — Produktnummer einer Fehlentwicklung

Alle übrigen Formeln des deterministischen WG-Modells gelten auch in dem stochastischen Modell.

Das wichtigste Ergebnis des stochastischen WG-Modells ist es, daß keine Wachstumsstrategie ein sicherer Kompaß in die Unsterblichkeit ist. Bei der Wachstumsstrategie I (W=0,1, G=0,25) überlebt das Unternehmen wie im deterministischen Modell die 5. Periode nicht. Die Wachstumsstrategie II führt bei erfolgreichen Entwicklungen erst in der 9. Periode zum Untergang. Bei nicht erfolgreicher Forschungstätigkeit tritt der Ruin aber bereits in der 4. bzw. 7. Periode ein. Die Wachstumsstrategie III ermöglicht natürlich dann ein Überleben des Unternehmens, wenn alle Entwicklungen erfolgreich verlaufen. Bereits eine Fehlentwicklung führt jedoch zum Untergang des Unternehmens, jedoch mit einer Ausnahme. Falls nämlich das 6. Produkt eine Fehlentwicklung war und die folgenden Produkte wieder erfolgreich sind, kann das Unternehmen diese Fehlentwicklung überwinden. Tabelle 23 und Abbildung 9 zeigen, wie sich die Fehlentwicklung des 6. Produktes auf das Wachstum des Unternehmens auswirkt.

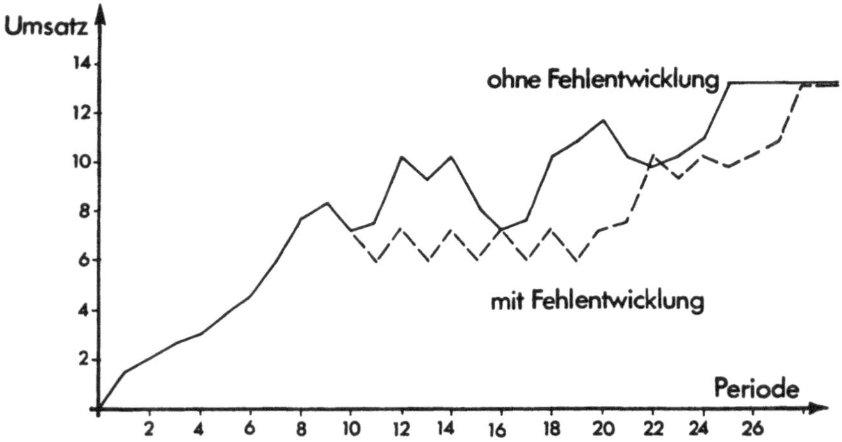

Abbildung 9

Tabelle 23

Umsatzentwicklung

Strategie III.

Periode	Ohne Fehlentwicklungen	6. Produkt Fehlentwicklung
1	1,5	1,5
2	2,03	2,03
3	2,64	2,64
4	3,00	3,00
5	3,84	3,84
6	4,50	4,50
7	5,85	5,85
8	7,61	7,61
9	8,34	8,34
10	7,22	7,22
11	7,50	6,00
12	10,22	7,22
13	9,30	6,00
14	10,22	7,22
15	8,34	6,00
16	7,22	7,22
17	7,50	6,00
18	10,22	7,22
19	10,88	6,00
20	11,64	7,22
21	10,22	7,50
22	9,84	10,22
23	10,22	9,38
24	10,88	10,22
25	13,22	9,84
26	13,22	10,22
27	.	10,88
28	.	13,22
29	.	.
30	.	.

Bei Anwendung der Wachstumsstrategie IV sind die Überlebenschancen am größten. Die Wahrscheinlichkeiten, daß ein Unternehmen, das diese Wachstumsstrategie anwendet, älter als t Jahre wird, gehen aus Abbildung 10 hervor.

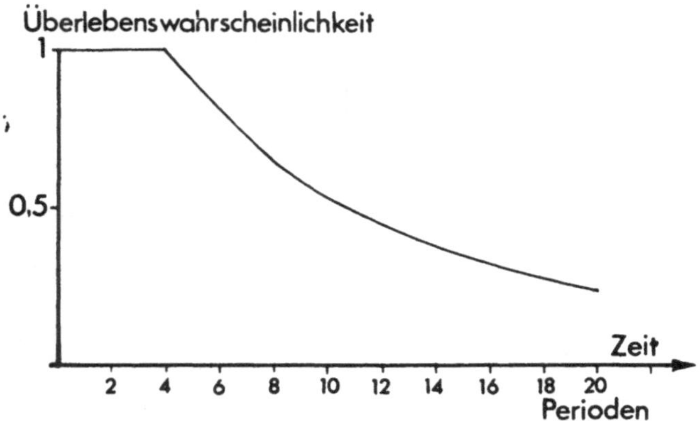

Abbildung 10

Die bedingte Wahrscheinlichkeit dafür, daß das Unternehmen 30 Jahre erlebt, wenn das j-te Produkt eine Fehlentwicklung ist, läßt sich aus Abbildung 11 ablesen.

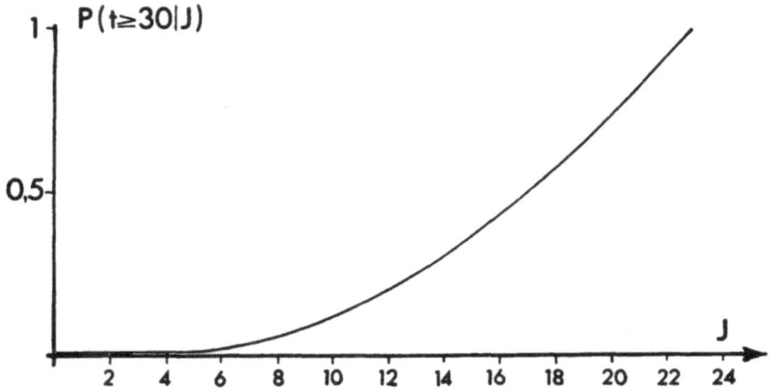

Abbildung 11

Das Risiko von Fehlentwicklungen ermöglicht auch eine Erklärung für den unterschiedlichen Altersaufbau der Unternehmen in einer Branche. Prüft man anhand des Modells, welches Alter ein Unternehmen maximal oder minimal erreichen kann, dessen j-tes Produkt die erste Fehlentwicklung ist, dann erhält man einen breiten Bereich möglicher Lebensalter der Unternehmen. Abbildung 12 zeigt diesen Altersbereich.

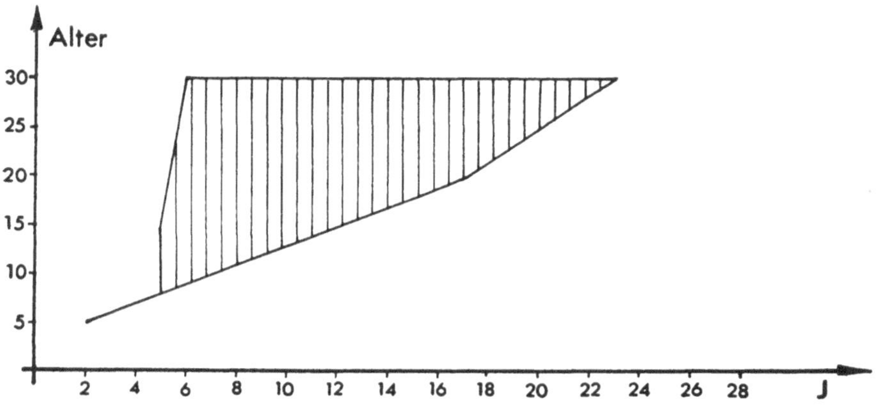

Abbildung 12

Ein Unternehmen, dessen 10. Produkt eine Fehlentwicklung war, kann bei weiteren Fehlschlägen bereits nach drei Jahren untergehen, es kann aber bei erfolgreicher zukünftiger Forschungstätigkeit auch überleben. In dem hier entwickelten Wachstumsmodell läßt sich dieser Überlebensbereich in Abhängigkeit von der Zahl und dem Rhythmus der Fehlentwicklungen auch eindeutig angeben. Abbildung 13 ist eine Art Kontrollkarte des Unternehmenswachstums. Sie gibt an, das wievielte Produkt nach einer Fehlentwicklung wieder eine Fehlentwicklung sein darf, ohne daß das Unternehmen zugrunde geht.

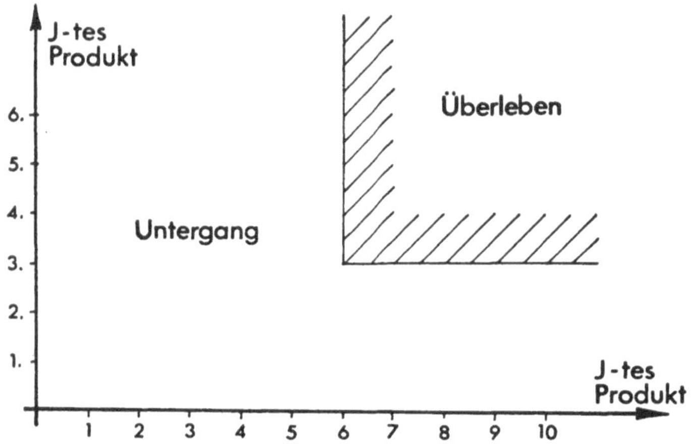

Abbildung 13

Aus Abbildung 13 ist ersichtlich, daß das Unternehmen nur dann überlebt, wenn ein bestimmter Minimalrhythmus von Fehlentwicklungen eingehalten wird. Dieser Minimalrhythmus ist jedes 3. Produkt, wenn das 6. Produkt oder die folgenden Produkte eine Fehlentwicklung waren. Waren das erste bis fünfte Produkt eine Fehlentwicklung, so hat das Unternehmen keine Überlebenschance. Das bedeutet, daß die minimale Erfolgswahrscheinlichkeit eines Projektes bei einem anfänglich erfolgreichen Unternehmen geringer sein darf als bei einem jungen Unternehmen. Die Risikofreudigkeit eines erfolgreichen älteren Unternehmens kann mithin größer sein als die eines Unternehmens, das sich in seiner ersten Wachstumsphase befindet. Ist bei einem älteren Unternehmen aber eine Fehlentwicklung eingetreten, hängt seine Überlebenswahrscheinlichkeit nur noch von dem Erfolg des nächsten Produkts ab. In der Periode bis zur nächsten zulässigen Fehlentwicklung kann das eingeführte Unternehmen nicht risikofreudiger sein als ein junges Unternehmen. Auch in eingeführten Unternehmen wechseln folglich Perioden hoher Risikofreudigkeit mit Zeiten größerer Risikoscheu ab. Diese in der Wirklichkeit zu beobachtende Tatsache folgt aus den einfachen Annahmen, auf denen das stochastische WG-Modell beruht, zwingend.

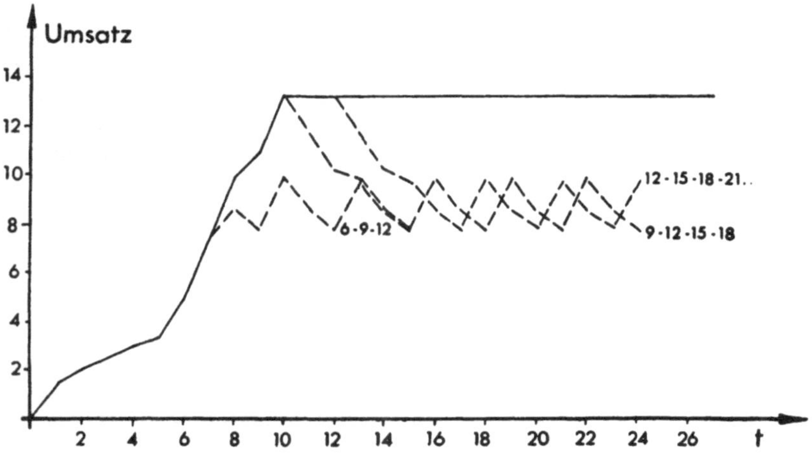

Abbildung 14

Mit diesem breiten Überlebensbereich bei Anwendung der Wachstumsstrategie IV sind auch unterschiedliche Unternehmensgrößen im stationären Zustand verbunden. Tabelle 24 und Abbildung 14 zeigen den Umsatzspielraum der für diese Wachstumsstrategie ein Überleben des Unternehmens gewährleistet. Es zeigt sich, daß Unternehmen mit Umsätzen zwischen 0 und 13,22 Einheiten existieren können. In der Größenklasse von 0 bis 7,8 Einheiten handelt es sich dabei um Unternehmen, die entweder in der ersten Wachstumsphase sind oder ihrem Zusammenbruch entgegengehen. Unternehmen dagegen mit Umsätzen zwischen 7,8 und 13,22 Einheiten haben bereits einen Reifezustand erreicht, in dem sie unter gewissen Bedingungen einer Minimalfolge von Fehlentwicklungen und ihrem Überleben rechnen können. Die beträchtlichen Unterschiede in der Unternehmensgröße dieser Unternehmen sind auf ihre unterschiedlichen Erfolge bei der Entwicklung neuer Produkte zurückzuführen.

Tabelle 24

Strategie IV

Periode	Keine Fehlentwicklung	Fehlentwicklung 9—12—15—18	Fehlentwicklung 12—15—18
1	1,5	1,5	1,50
2	2,03	2,03	2,03
3	2,64	2,64	2,64
4	3,0	3,0	3,00
5	3,3	3,3	3,30
6	3,0	3,0	3,00
7	4,8	4,8	4,80
8	7,5	7,5	7,50
9	9,75	9,75	9,75
10	10,88	10,88	10,88
11	13,22	13,22	13,22
12	13,22	11,64	13,22
13	.	10,22	13,22
14	.	9,84	13,22
15	.	8,64	11,64
16	.	7,80	10,22
17	.	9,84	9,84
18	.	8,64	8,64
19	.	7,80	7,80
20	.	9,84	9,84
21	.	8,64	8,64
22	.	7,80	7,80
23	.	9,84	9,84
24	.	8,64	8,64
25	.	usw.	7,80
26	.		9,84
27	.		usw.
28	.		
29	.		
30	.		

Das stochastische WG-Modell stellt einen groben ersten Ansatz dar, um den unterschiedlichen Altersaufbau, die unterschiedlichen Überlebenswahrscheinlichkeiten und die unterschiedlichen Unternehmensgrößen von Unternehmen in einer Branche kausal zu erklären. Daß das Branchenwachstum, das gesamtwirtschaftliche Wachstum, aber auch andere Aktionsparameter des Unternehmens selbst diese Größen verändern können, liegt auf der Hand. In dem folgenden Modell soll daher ein weiterer Aktionsparameter berücksichtigt werden, der den Erfolg der Forschungstätigkeit beeinflußt: Die Höhe der Forschungsausgaben in der Zeiteinheit.

b 3) Das UWG-Modell

Im WG-Modell wird angenommen, daß die Forschungsausgaben pro Zeiteinheit konstant sind. Untersuchungen von Brockhoff haben gezeigt, daß die Forschungsausgaben mit dem Umsatz variieren[124]. Für drei deutsche chemische Unternehmen ergaben sich für die Zeit von 1952—1962 durchschnittliche Werte von 3 bis 5 % des Umsatzes. Es scheint vertretbar, davon auszugehen, daß die Ausgaben für die Forschung nie unter ein bestimmtes Minimum gesenkt werden, in einem breiten Umsatzbereich proportional zum Umsatz verlaufen und von einer oberen Grenze des Umsatzes ab degressiv sind.

Diese Ergebnisse empirischer Untersuchungen werden in dem UWG-Modell weitgehend berücksichtigt. Die gesamten Versuchskosten V_j für das j-te Produkt haben neben dem umsatzabhängigen Teil noch einen forschungszeitabhängigen Teil.

$$V_j = \varphi_j (T_j) + h_j (E, U) \quad (70)$$

In dem Simulationsmodell wird diese Funktion speziell durch (71) wiedergegeben

$$V_j = 2\, T_j^{-2} - 2^{(2 - T_j)} + 4\, UE \quad (71)$$

Daraus folgt wegen (42) und $n_j = 4$ für den verrechneten Forschungsaufwand

$$\gamma_j = 0{,}5\, T_j^{-2} - 2^{-T_j} + UE \quad (72)$$

Abbildung 15 gibt den Forschungsaufwand in Abhängigkeit von der Forschungszeit wieder.

Der Forschungsaufwand steigt linear mit dem Umsatz und dem Anteil des Umsatzes, der für die Forschung eingesetzt wird. Für die Forschungszeit dagegen existiert ein Optimum.

---

124 *Brockhoff*, K., Forschungsaufwendungen industrieller Unternehmen, ZfB 1964, S. 327, hier S. 346 ff.

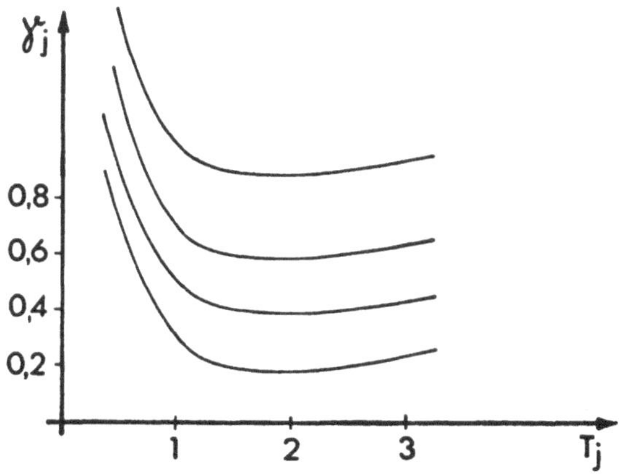

Abbildung 15

Die Forschungsausgaben UE haben eine Untergrenze, unter die die Forschungsausgaben selbst dann nicht gesenkt werden, wenn der Umsatz weiter sinkt. Es gibt ferner einen oberen Plafond der Forschungsausgaben, der wegen der sinkenden Grenzerträge der Forschungsausgaben in der Zeiteinheit zu überschreiten nicht lohnend erscheint. Die Grenzen für UE werden durch (73) definiert.

(73) $$0{,}3 \leqq UE \leqq 1 \ .$$

Der Umsatz des j-ten Produktes ist eine Funktion des Lebensalters, der Forschungszeit und der Höhe der Forschungsausgaben. Für das Simulationsmodell gilt

(74) $$E_j = a_j\,(UE, T_j)\; t_j^2\, 2^{-t_j} \ .$$

Der Verlauf von a_j ergibt sich aus der folgenden Überlegung: Wenn keine Zeit für die Forschung und Entwicklung vorhanden ist, dann können Forschungsmittel nur verschwendet werden. Ein marktfähiges Produkt läßt sich dann nicht entwickeln. Unabhängig davon, wie hoch die Forschungsausgaben UE sind, muß also bei $T_j = 0$ der Umsatz Null sein. Wird auf der anderen Seite die Forschungszeit zu lang angesetzt, dann verpaßt das Unternehmen den Anschluß an den Markt. Die Konkurrenzunternehmen haben dann ähnliche Produkte bereits entwickelt, so daß für das von dem Unternehmen entwickelte Erzeugnis kein Markt mehr gewonnen werden kann. Wird ein Produkt also zu lang entwickelt, dann hat es wiederum keine Absatzchancen. Zwischen diesen beiden Grenzpunkten gibt es eine für den Gesamtabsatz des Artikels gültige optimale Entwicklungsperiode. Abbildung 16 gibt diese Gedanken wieder.

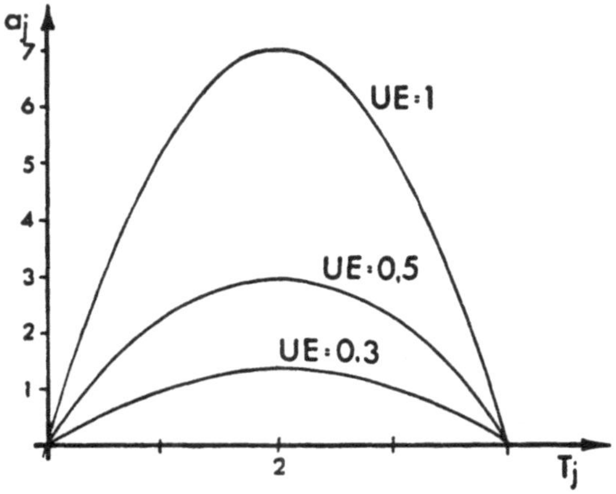

Abbildung 16

Die Formel für diesen Koeffizienten der Umsatzfunktion eines Artikels lautet[125].

(75) $$a_j = (8\,UE - 1)\ [1 - 0{,}25\,(T - 2)^2]\ .$$

Um den gleichen Koeffizienten der Lebenskurve wie im deterministischen WG-Modell zu erhalten, muß in dem UWG-Modell UE 0,375 für $T_j = 2$ und 0,425 für $T_j = 1$ betragen. Das bedeutet, daß die Umsätze bei 3,75 bzw. 4,25 (U = 0,1), 7,5 bzw. 8,05 (U = 0,05) und 12,5 bzw. 14,27 (U = 0,03) liegen müßten. Diese Umsätze werden aber in der Wachstumsphase erst erzielt, wenn das Unternehmen bereits mindestens drei neue Produkte entwickelt hat. Die Unternehmen schweben also zwischen der Scylla zu geringer Forschungstätigkeit (Strategien II bis IV für U = 0,03), so daß sie über eine kleine Betriebsgröße nicht hinauswachsen können, und der Charybdis einer zu hohen Forschungstätigkeit (Strategie II für U = 0,1), die das Gleichgewicht des Unternehmens gefährdet. Die Wachstumsstrategie I erweist sich auch in diesem Falle als zu wenig reagibel. Sie ist eine unzulässige Wachstumsstrategie. Tabelle 25 und Abbildungen 17 ff. geben eine Übersicht über das Wachstum der Unternehmen bei verschiedenen UWG-Strategien.

Die Wachstumsverläufe zeigen, daß hohe Forschungs- und Entwicklungsausgaben für erfolgreiche Neuentwicklungen ein entscheidender Wachstumsfaktor sind. Dieses Ergebnis steht in Übereinstimmung mit den empirischen Untersuchungen des Unternehmenswachstums. Die

[125] Die Rechnungen des Simulationsmodells wurden mit einer etwas abgewandelten Formel durchgeführt: Anstelle der 1 in der zweiten Klammer wurde der Wert 1,5 verwandt.

Tabelle 25

Umsatzentwicklung

Periode	Forschungsausgaben %	3	5	10	3	5	10	3	5	10	3	5	10
	Strategie	I	I	I	II	II	II	III	III	III	IV	IV	IV
1		1,5	1,5	1,5	1,5	1,5	1,5	1,5	1,5	1,5	1,5	1,5	1,5
2		2,03	2,03	2,03	2,03	2,03	2,03	2,03	2,03	2,03	2,03	2,03	2,03
3		2,64	2,64	2,64	2,64	2,64	2,64	2,64	2,64	2,64	2,64	2,64	2,64
4		3,00	3,00	3,00	3,00	3,00	3,00	3,00	3,00	3,00	3,43	3,43	3,43
5		2,34	2,34	2,34	3,22	3,22	3,22	3,39	3,39	3,39	2,63	2,63	2,63
6		—	—	—	1,75	1,75	1,75	2,98	2,98	2,98	4,55	4,55	4,55
7					2,98	2,98	2,98	4,46	4,46	4,46	6,30	6,30	6,52
8					4,73	4,73	4,73	4,55	4,55	4,75	7,67	7,67	8,97
9					5,43	5,43	5,43	6,30	6,30	6,70	7,67	7,67	9,06
10					4,03	4,03	4,03	6,79	6,79	7,23	7,67	7,74	11,17
11					4,27	4,27	—	5,92	5,92	7,19	usw.	8,22	15,72
12					4,29	4,29		5,74	5,82	10,28		9,03	20,30
13					2,98	2,98		5,92	6,26	11,92		8,95	28,38
14					4,73	4,73		6,30	6,86	11,87		10,91	33,36
15					6,30	6,30		7,67	7,37	13,76		11,93	36,31
16					5,78	5,78		6,79	6,60	13,88		12,65	37,26
17					5,32	5,32		usw.	4,94	13,84		13,87	37,89
18					5,34	5,34			7,08	21,63		15,67	37,89
19					4,34	4,42			7,96	24,91		17,74	usw.
20					4,94	5,09			8,55	17,77		19,89	
21					6,65	6,82			8,94	19,72		22,55	
22					7,07	7,22			8,05	15,40		25,35	
23					6,22	6,33			8,87	13,84		28,78	
24					4,17	4,17			8,76	usw.		32,35	
25					4,34	4,64			9,60			35,25	
26					4,94	5,59			7,93			37,11	
27					6,65	7,41			7,32			37,89	
28					7,07	7,78			8,35			37,89	
29					6,22	5,61			11,27			usw.	
30					4,17	4,48			10,48				

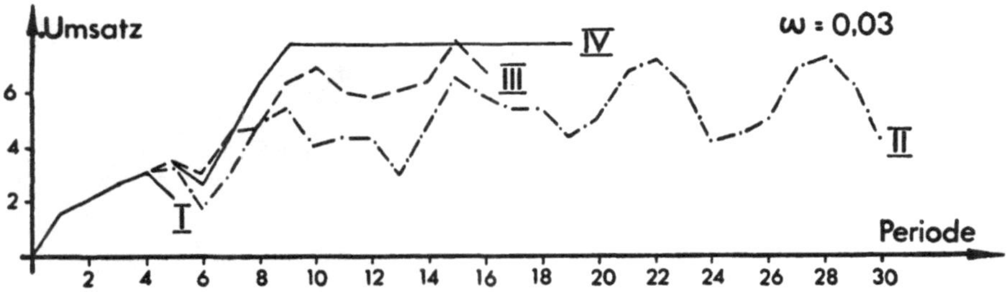

Abbildung 17

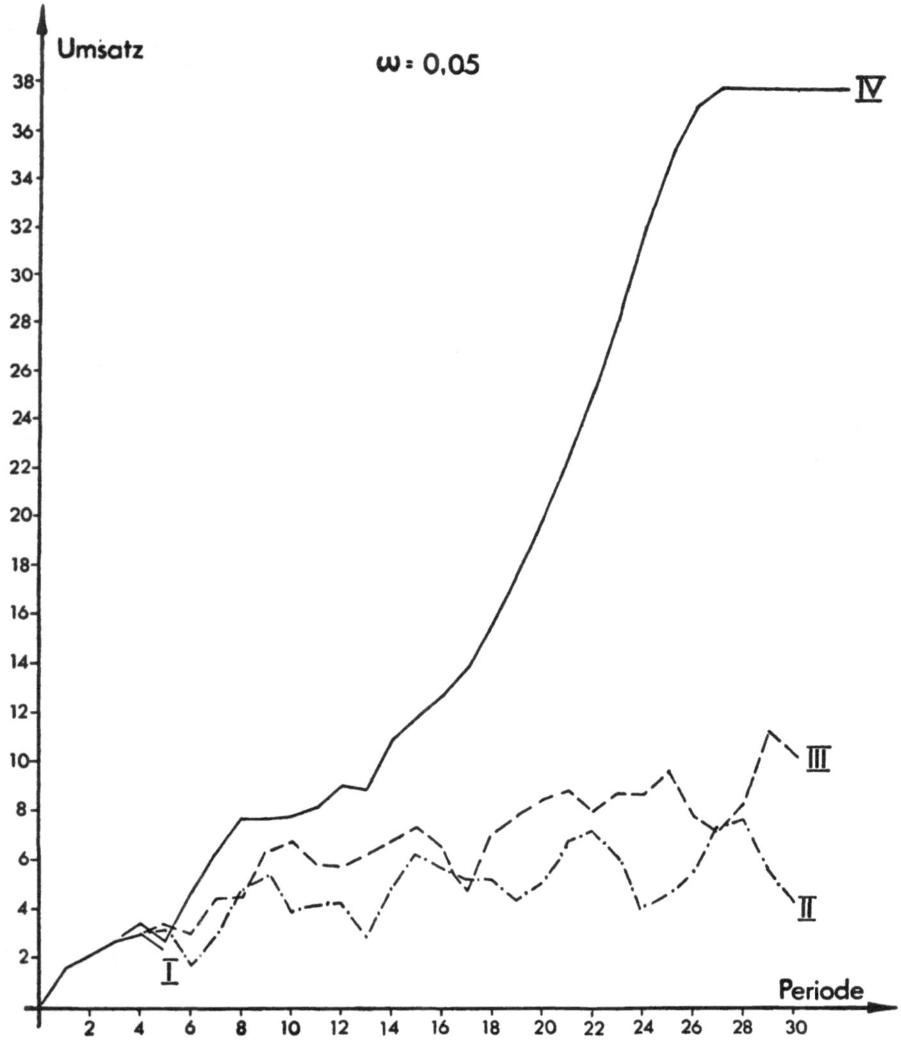

Abbildung 18

Modelle zeigen aber weiter, daß eine vorsichtige Forschungstätigkeit eine Tendenz hat, sich selbst zu bestätigen. Diejenigen Unternehmen nämlich, die nur einen geringen Teil ihrer Umsätze für die Forschung verwenden, schwingen in einen stationären Zustand auf einem so nied-

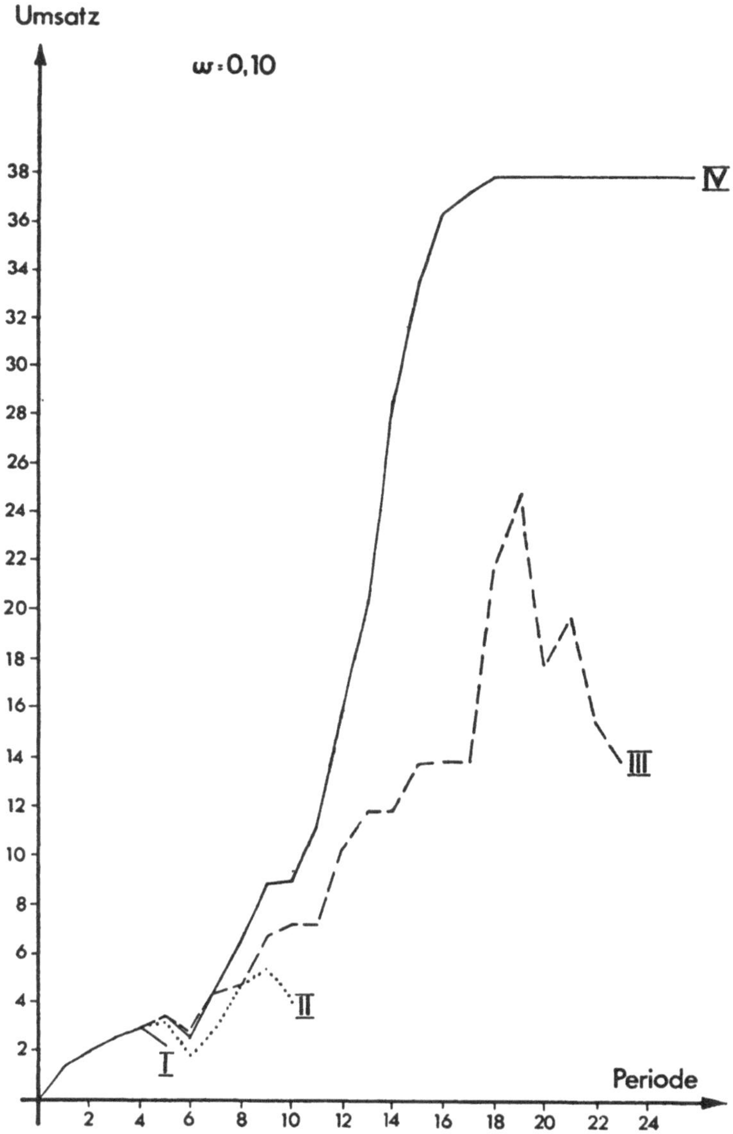

Abbildung 19

rigen Umsatzniveau ein, daß auch eine Erhöhung des Anteils der Forschung am Umsatz zu keiner nennenswerten Erhöhung der Forschung über das Mindestniveau führen würde. Folglich ist in diesem Bereich die Grenzrate des Umsatzes in Bezug auf eine minimale Veränderung der Entscheidungsvariablen U sehr gering. Sichtbare Erfolge hat eine aggressive Forschungstätigkeit nach frühestens zehn Perioden bei Strategie III und IV. Bis dahin sind die Umsätze bei verschiedenen U ziemlich gleich.

Das UWG-Modell ermöglicht damit eine weitere Deutung der unterschiedlichen Größenverteilung der Unternehmen in einer Branche: nicht nur die Fehlentwicklungen neuer Produkte vermögen das Wachstum so unterschiedlich zu bremsen, daß trotz gleicher Ausgangslage nach einigen Jahren unterschiedliche Größenklassen in der Branche vorhanden sind. Auch die unterschiedlichen Wachstumsstrategien haben zur Folge, daß die Unternehmen unterschiedlich schnell wachsen und vor allem auch stationäre Zustände bei verschiedenen Unternehmensgrößen erreichen. Unternehmen mit aggressiven Wachstumsstrategien werden ceteris paribus höhere Unternehmensgrößen erreichen als risikoscheue Unternehmen.

Die hier vorgetragenen Wachstumsmodelle sind erste Ansätze in einer neuen methodischen Richtung der Erforschung des Wachstums von Unternehmen. Sie weichen von den taktischen Entscheidungsmodellen ab, wie sie zur Erklärung des Unternehmenswachstums bisher in Anlehnung an die Investitionstheorie entwickelt worden sind. Sie verwenden einen strategischen Modellansatz. Die verwendeten Wachstumsstrategien enthalten Größen, die unmittelbar plausibel erscheinen und an denen sich die Unternehmer in der Praxis unter anderen im allgemeinen zu orientieren pflegen. Es wurde gezeigt, daß diese groben Kompasse die Unternehmen unterschiedlich gut in das Dunkel der Zukunft steuern. Die Ergebnisse der Simulation verschiedener WG- und UWG-Modelle stehen nicht im Widerspruch zu den empirischen Fakten. Es erscheint daher sinnvoll, die in den Modellen formulierten Wachstumshypothesen eingehender empirisch zu testen.

Symbolverzeichnis

a	Umschlagdauer des Kapitals
A	Kosten
A_{vjt}	Variable Kosten des j-ten Produktes in der t-ten Periode
A_{Fjt}	Fixe Kosten des j-ten Produktes in der t-ten Periode
B_{jt}	Belegung der Planungsabteilung in der t-ten Periode mit dem j-ten Produkt
C_{ooi}	Gesamtkapitalwert des i-ten Investitionsobjektes
C_{oni}	Kapitalwert der Nutzungen des Investitionsobjektes zum Vollendungszeitpunkt

C_{opi}	Kapitalwert der Auszahlungen für die Expansionsprozesse im Planungszeitpunkt
D	Forschungsausgaben
E	Tatsächlicher Umsatz
$\tilde{E}$	erzielbarer Umsatz
F	Bilanzsumme (Passivseite), Finanzierung
G	Trägheitsgrad
H	Planungshorizont
I	Investition, Investitionsausgaben
j	Fortlaufende Produktnummer
J	Produktnummer einer Fehlentwicklung
K	Bilanzsumme (Aktivseite), gebundenes Kapital
$\mathfrak{K}_{jt}$	Produktionskapazität zur Produktion des j-ten Produktes in der t-ten Periode
m_t	Anzahl der Produkte, die in der t-ten Periode gefertigt werden
M	Anschaffungskosten für Maschinen, Vorräte, liquide Mittel
n_j	Abschreibungsdauer der Entwicklungsausgaben
O	Organisation
P	Ausgaben für die Planungsprozesse
Q	Reingewinne
r_t	mögliche Wachstumsrate des t-ten Jahres
R	Auszahlungen für die Organisationsprozesse
s	Selbstfinanzierungsrate als Bruchteil des Umsatzes
S	Selbstfinanzierung
t	Zeit
t_o	Planungszeitpunkt
t_c	Vollendungszeitpunkt
t_c^*	Optimaler Vollendungszeitpunkt
t_j	Lebensalter des j-ten Produktes
T_j	Planungszeit für das j-te Produkt
U	Anteil der Forschungsausgaben am Umsatz
$v_j(T_j)$	Planungsausgaben pro Zeiteinheit
V_j	Versuchskosten des j-ten Produktes
W	Kritische Wachstumsrate
x	Ausbringung in Mengeneinheiten
X	Aktionsparameter
Y	Unabhängige strategische Variable
Z^o	Umsatzkapazität der Organisation im Zeitpunkt der Gründung
$\alpha, \beta, \eta, \varepsilon$	Konstante
γ_j	Abschreibung auf die Forschungsausgaben für das j-te Produkt
Γ	Aufwendungen für Fehlentwicklungen
δ	Forschungsrate als Bruchteil der Selbstfinanzierung
ξ	Umsatzrate, die der maximalen Umstellungsrate der innerbetrieblichen Organisation entspricht
π	Erfolgswahrscheinlichkeit von Forschungsausgaben
ρ	Diskontierungszinsfuß bei angenommener kontinuierlicher Verzinsung
σ	Wachstumsstrategie
φ	Zeitabhängigkeit der Versuchskosten
Φ	Finanzierungsfunktion
χ	Erfolgswahrscheinlichkeit für Entwicklungen, Zufallsvariable

Abkürzungen

AER	=	American Economic Review
BFuP	=	Betriebswirtschaftliche Forschung und Praxis
HdB	=	Handwörterbuch der Betriebswirtschaft
J. B.	=	Journal of Business
ZfB	=	Zeitschrift für Betriebswirtschaft
ZfbF	=	Zeitschrift für betriebswirtschaftliche Forschung
ZfgSt.	=	Zeitschrift für die gesamten Staatswissenschaften
ZfhF	=	Zeitschrift für handelswissenschaftliche Forschung
Aufl.	=	Auflage
Bd.	=	Band
Diss.	=	Dissertation
Hrsg.	=	Herausgeber
Jg.	=	Jahrgang
Repr.	=	Reprint
S.	=	Seite
Univ.	=	Universität (University)
Vol.	=	Volume (Band)

Literaturverzeichnis

Adelmann, I. G.: A Stochastic Analysis of the Size Distribution of Firms, Journal of the American Statistical Association, Bd. 53, 1958, S. 893.

Adelmann, M. A.: The Measurement of Industrial Concentration, Review of Economics and Statistics, Bd. XXXIII, 1951, S. 272.

Aghte, K.: Unternehmenswachstum und Unternehmensorganisation, in: Schnaufer, E. und K. Aghte (Hrsg.), Organisation, TFB-Handbuchreihe, Berlin, Baden-Baden 1961, S. 463.

Albach, H.: Wirtschaftlichkeitsrechnung bei unsicheren Erwartungen, Köln und Opladen 1959.

— Zur Finanzierung von Kapitalgesellschaften durch ihre Gesellschafter, ZfgSt. 1962, S. 653.

Alchian, A. A.: Biological Analogies in the Theory of the Firm, AER, Bd. 43, 1953, S. 600.

Alexander, S. S.: The Effect of the Size of Manufacturing Corporation on the Distribution of the Rate of Return, The Review of Economics and Statistics, Bd. 31, 1949, S. 229.

Ansoff, H. I. und J. F. *Weston:* Merger Objectives and Organization Structure, The Quarterly Review of Economics and Business, 1962, S. 49.

Arrow, K. J., M. J. *Beckmann* and S. *Karlin:* The Optimal Expansion of the Capacity of a Firm, Chapter 7 in Arrow-Karlin-Scarf, Studies in the Mathematical Theory of Inventory and Production, Stanford/Calif. 1958, S. 92.

Arthur, D.: Little Report to Naval Research Advisory Committee, in: Naval Research Advisory Committee, Basic Research in the Navy Report of the Secretary of the Navy, Vol. I, S. 19.

Axford, H. M.: Financial Expansion of Medium-Size Growth Corporations in Manufacturing, Diss. Univ. of Wisconsin 1957.

Baker, M. H.: Anpassung der Produktforschung an den Verkauf, in: American Management Association, Die Entwicklung neuer Produkte, Düsseldorf 1960, S. 69.

Baumberger, H. U.: Die Entwicklung der Organisationsstruktur in wachsenden Unternehmungen, Bern 1961.

Baumol, W. J.: Business Behaviour, Value and Growth, New York 1959.

— On the Theory of Expansion of the Firm, AER, Bd. 52, 1962, S. 1078.

Bendix, R.: Max Webers Soziologie heute, Gedenkrede zur Hundertjahrfeier an der Freien Universität Berlin am 7. 7. 1964, hektograph. Manuskript, S. 12.

Bobo, J. R.: An Analysis of the Growth of Savings and Loan Associations in the 9th Federal Home Loan Bank District 1945—1959, Diss. Louisiana State University 1961.

Boote, M. J.: Income Retention and Fixed Capital Expansion: A Group of Canadian Manufacturing Corporations, 1932—53, Diss. McGill University 1958/59.

Brockhoff, K.: Forschungsaufwendungen industrieller Unternehmen, ZfB 34. Jg. 1964, S. 335.

Bücher, K.: Das Gesetz der Massenproduktion, ZfgSt. 1910, Heft 3, S. 1.

Busse von Colbe, W.: Verwaltungs- und Vertriebskosten wachsender Industrieunternehmen, ZfbF 16. Jg. 1964, S. 308.

Butters, J. K. und J. *Lintner:* Effects of Mergers on Industrial Concentration 1940—47, Review of Economics and Statistics, Bd. 32, 1950, S. 30.

Churchill, B. C.: Age and Life Expectancy of Business Firms, Survey of Current Business, Vol. 35 (Dec. 1955), S. 15.

Cooper, W. W.: Comments on Penrose, E. T., Limits to the Growth and Size of Firms, AER, Bd. 45, 1955, S. 563.

Dale, E.: A Study of the Problems of Centralization and Decentralization in Relation to Private Enterprise, in: Kruisinga H., (Hrsg.), The Balance between Centralization and Decentralization in Managerial Control, Leyden 1954, S. 27.

— Die großen Organisatoren, Düsseldorf und Wien 1962.

Davidson, W. L.: Festlegung der Hauptziele einer fortschrittlichen technischen Entwicklung, in: American Management Association, Die Entwicklung neuer Produkte, Düsseldorf 1960, S. 33.

Davies, O. L.: Some Statistical Considerations in the Selection of Research Projects in the Pharmaceutical Industry, Applied Statistics, Vol. XI, 1962, S. 170.

— Some Statistical Considerations in the Selection of Projects for Research in the Pharmaceutical Industry, Industrielle Organisation 1964, S. 142.

Dembo, J.: Der Ärger als dynamisches Problem, Psychologische Forschung 1931, S. 1.

Dewing, A. A.: A Statistical Test of the Succes of Consolidations, Quarterly Journal of Economics, Bd. 36 (1921), S. 84.

Edwards, E. C.: The Struggle for Survival, A Study of the Experience of the Leading Independend Manufactures in the United States Passenger Car Industry 1946—1958, Diss. University of North Carolina, 1961.

Edwards, R. S. and H. *Townsend:* Business Enterprise, Its Growth and Organization, London, New York 1962.

Engelmann, K.: Die Lehre von der Einzelwirtschaft, Köln und Opladen 1962.

Frank, J. D.: Recent Studies of the Level of Aspiration, Psychological Bulletin 1941, S. 218.

Fraser, H. W.: A Theory of the Optimum Time Rate of Growth of the Firm, Diss. Princeton Univ. 1961.

Gibrat, R.: Les Inégalités Economiques, Paris 1931.
— On Economic Inequalities, in: Peacock et al. (Hrsg.), International Economic Papers Nr. 7, London, New York 1957, S. 53.
Gost, M.: Investment Decisions in an Industry of Rapid Growth, Diss. Columbia Univ. 1954.
Green, E. J.: Planning for Profits and Growth, Stanford Research Institute, Planning for Industrial Growth, Menlo Park 1963.
Gustowsky, A.: Buchbesprechung: Penrose, E. T., The Theory of the Growth of the Firm, in Ordo, 13. Jg. (1962), S. 443.
Gutenberg, E.: Zur Frage des Wachstums und der Entwicklung von Unternehmungen, in: Festschrift für Fritz Schmidt, Berlin-Wien 1942, S. 148.
— Unternehmensführung — Organisation und Entscheidungen, in: Die Wirtschaftswissenschaften, Wiesbaden 1962, S. 71.
— Über den Einfluß der Gewinnverwendung auf das Wachstum der Unternehmen, ZfB 33. Jg. 1963, S. 193.

Haire, M.: Biological Models and Empirical Histories of the Growth of Organizations, in: Haire, M. (Hrsg.), Modern Organization Theory, New York-London 1959, S 172.
Hamelman, Paul W.: Patterns of Progression in American Manufacturing Enterprises, Diss. Univ. of Pittsburgh 1962/63.
Hauth, W.: Quellen der Wachstumsfinanzierung der Unternehmung, BFuP, Bd. 15 (1963), S. 673.
Hart, P. E. und S. J. *Prais*: The Analysis of Business Concentration, A Statistical Approach, Journal of the Royal Statistical Society, Series A., Vol. 119, 1956, S. 150; discussion on this paper, S. 181.
Hax, K.: Unternehmenswachstum und Unternehmenskonzentration in der Industrie, ZfhF 13. Jg. (1961), S. 1.
— Industrielle Entwicklung, gesamtwirtschaftliches Wachstum und Unternehmenswachstum, ZfbF 16. Jg. (1964), S. 202.
— Die Kapitalwirtschaft des wachsenden Industrieunternehmens, ZfbF 16. Jg. (1964), S. 252.
Heflebower, R. B.: Corporate Mergers: Policy and Economic Analysis, Quarterly Journal of Economics, 1963, S. 537.
Heilmann, E. A.: Mortality of Business Firms, Diss. Univ. of Minnesota, 1933.
Heinen, E.: Die Zielfunktion der Unternehmung, in: Koch, H. (Hrsg.), Zur Theorie der Unternehmung, Festschrift zum 65. Geburtstag von E. Gutenberg, Wiesbaden 1962.
Herppich, H. G.: Das Markenbild als Element flexibler Absatzplanung in der Zigarettenindustrie, in: Gutenberg, E., (Hrsg.), Absatzplanung in der Praxis, Wiesbaden 1962, S. 115.
Horowitz, I.: Firm Size and Research Activity, Southern Economic Journal 1962, S. 299.
Hundhausen, C.: Der Absatzbereich der Industrieunternehmung und seine Bedeutung für den Wachstumsprozeß, ZfbF 16. Jg. (1964), S. 234.
Hutchinson, A. R., R. G. *Hutchinson* und M. *Newcomer*: Study in Business Mortality, AER Bd. 28 (1938), S. 512.
Hymer, St. und P. *Pashigian*: Firm Size and Rate of Growth, The Journal of Political Economy, Bd. 70 (1962), S. 556.

Ijiri, Y., und H. A. *Simon*: Business Firm Growth and Size, AER, Bd. 54 (1964), S. 77.

Jonas, H.: Leitende Gesichtspunkte für den Kapitaleinsatz im Industriebetrieb, in: Schwarz, H. und K. H. Berger (Hrsg.), Betriebswirtschaftslehre und Wirtschaftspraxis, Berlin 1961, S. 201.

Kellerer, H.: Übertragung einiger in der Bevölkerungsstatistik gebräuchlicher Begriffe und Methoden auf das Wirtschaftsleben, Einzelschriften der deutschen Statistischen Gesellschaft, Heft 1, München 1951, S. 68.

Kenessey, V.: Langfristige Wachstumsfaktoren und das unternehmerische Wachstum, Industrielle Organisation, 32. Jg. (1963), S. 105.

von Kortzfleisch, G.: Kostenquellen im wachsenden Industrieunternehmen, ZfbF 16. Jg. (1964), S. 318.

Kuh, E.: Capital Stock Growth: A Micro-Econometric Approach, Amsterdam 1963.

Lecompte, K.: Organizational Structures in Transition, in: Haire, M., Organizational Theory and Industrial Practice, New York und London 1962.

Leibenstein, H.: Economic Theory and Organizational Analysis, New York 1960.

Levin, K., T. *Dembo*, L. *Festinger* und P. S. *Sears:* Level of Aspiration, in: Hunt, I. Me. V. (Hrsg.), Personality and the Behaviour Disorders, I. Bd., New York 1944.

Levy, S. und G. *Donhowe:* Exploration of a Biological Model of Industrialization, J. B. 1962, S. 335.

Lintner, J.: Optimal Dividends and Coporate Growth under Uncertainty, Quarterly Journal of Economics, Vol. LXXVIII 1964, S. 49.

Lloyd, L. E.: Origin and Objectives of Organization, in: Haire, M. (Hrsg.), Organizational Theory and Industrial Practice, New York und London 1962.

Lotz, K.: Gedanken zur Personalwirtschaft wachsender Industrieunternehmen, ZfbF 16. Jg. (1964), S. 298.

Mackintosh, A. S.: The Development of Firms, An Empirical Study with Special Reference to the Economic Effects of Taxation, Cambridge 1963.

Manne, A. S.: Capacity Expansion and Probabilistic Growth, Econometrica 1961, S. 632.

Mansfield, E.: Entry, Gibrat's Law, Innovation and the Growth of Firms, AER, Bd. 52, 1962, S. 1023.

— The Speed of Response of Firms on New Techniques, Quarterly Journal of Economics, Bd. LXXVII (1963), S. 290.

March, J. G. und H. A. *Simon:* Organizations, New York 1958.

Marshall, A.: Principles of Economics, 8. Aufl., Reprint, London, New York 1959.

Marx, K.: Das Kapital, Kritik der politischen Ökonomie, 1. Bd., Berlin 1955.

Mayer, Kurt B. und S. *Goldstein:* The First Two Years: Problems of small firm growth and survival, Washington DC (Small Business Administration) 1961.

McConnell, J.: 1942 Corporate Profits by Size of Firm, Survey of Current Business, Jan. 1946, S. 10.

McCarthy, G. W.: Festsetzung der Produktion und Ziele, in: American Management Association, Die Entwicklung neuer Produkte, Düsseldorf 1960, S. 47.

McLean, J. G. und R. W. *Haigh:* The Growth of Integrated Oil Companies, 2nd prtg., Boston 1954.

Meij, J. L.: Management Development unter besonderer Berücksichtigung des Wachstums der Unternehmung ZfB 34. Jg. (1964), S. 102.

Meyer, J. R. und E. *Kuh:* The Investment Decision, Cambridge/Mass. 1957.
Payne, B.: Planning for Company Growth, New York, Toronto, London 1963.
Penrose, E. T.: Biological Analysis in the Theory of the Firm, AER, Bd. 42, 1952, S. 804.
— Limits to the Growth and Size of Firms, AER, Bd. 45, Papers and Proceedings 1955, S. 531.
— Foreign Investment and the Growth of the Firm, The Economic Journal, Bd. 66 (1956), S. 220.
— The Theory of the Growth of the Firm, Oxford 1959.
Potthoff, E.: Die funktionelle Organisation im wachsenden Industriebetrieb, ZfbF 16. Jg. (1964), S. 280.
Powlison, K.: Obstacles for Business Growth, in: Ewing, D. W., Long-Range Planning for Management, New York 1958.
Prais, S. J.: Size, Growth and Concentration, in: Studies in Company Finance, ed. by: Tew, B. und R. F. Henderson, Cambridge 1959, S. 108.
Preiser, E.: Multiplikatorprozeß und dynamischer Unternehmergewinn, in: Preiser, E., Bildung und Verteilung des Volkseinkommens, Gesammelte Aufsätze, Göttingen 1957.

Rexhausen, F.: Der Unternehmer und die volkswirtschaftliche Entwicklung, Berlin 1960.
Richardson, G. B.: The Limits to a Firm's Rate of Growth, Oxford Economic Papers, Vol. 16, N. S., 1964, S. 9.
Riebel, P.: Umgestaltung des Produktionsbereichs in wachsenden Unternehmungen, ZfbF 16. Jg. (1964), S. 210.
Robinson, E. A. G.: The Structure of Competitive Industry, New York 1932.
Rotter, J. B.: Level of Aspiration as a Method of Study in Personality, A critical Review of Methodology, Psychological Review 1942, S. 463.

Schmalenbach, E.: Die Betriebswirtschaftslehre an der Schwelle der neuen Wirtschaftsverfassung, Vortrag anläßlich der Tagung des Verbandes der Betriebswirtschaftler an deutschen Hochschulen am 31. 5. 1928 in Wien, ZfhF 1928, S. 241.
Schneider, E.: Wirtschaftlichkeitsrechnung, 2. Aufl., Tübingen 1951.
Schumpeter, J.: Theorie der wirtschaftlichen Entwicklung, 1. Aufl., Leipzig 1919.
— Kapitalismus, Sozialismus und Demokratie, Bern 1946.
Simon, H. A. und Ch. P. *Bonini:* The Size Distribution of Business Firms, AER, Bd. 48 (1958), S. 607.
Sommerfeld, H.: Bilanz (eudynamisch), HdB, 1. Aufl., Bd. 1, Stuttgart 1926, Spalte 1340.
Steindl, J.: Small and Big Business, Oxford 1947.

Weber, M.: Wirtschaft und Gesellschaft, 4. Aufl., Tübingen 1956.
— Debattenreden auf der Tagung des Vereins für Sozialpolitik in Wien 1909, in: Gesammelte Aufsätze, Tübingen 1924, S. 413.
Weigand, R. E.: The Marketing Organization, Channels and Firm Size, J. B., Vol. 36 (1963), S. 228.
Weston, J. F.: The Role of Mergers in the Growth of Large Firms, Berkeley, Los Angeles 1953.
— Planning for Corporate Mergers, California Management Review, 1963, S. 25.
Wiles, P. J. D.: Price, Cost and Output, Oxford 1956.
Wittmann, W.: Überlegungen zu einer Theorie des Unternehmenswachstums, ZfhF 1961, S. 493.

Wood, M. K.: Representation in a Linear Model of Non-Linear Growth in the Aircraft Industry, in: Koopmans, T. C. (Hrsg.), Activity Analysis of Production and Allocation, New York 1951.

Young, R. B.: Keys to Corporate Growth, Harvard Business Review, Bd. 39 (1960), Nr. 6, S. 51.

Stanford Research Institute, Planning in Business, Menlo Park 1963.

o. V., Bosch baut schweren Zeiten vor, Der Volkswirt 1962, S. 1812.

Wirtschaftliches Wachstum bei abnehmendem Skalenertrag

Von Prof. Dr. *Martin Beckmann* (Bonn)

I. Einleitung

Die schönen Erfolge der gegenwärtigen Wachstumstheorie gehen in nicht geringem Maße auf eine Vorstellung zurück, die es erlaubt, die Proportionen der wirtschaftlichen Größen zu betrachten, ohne irgendwelche Störungen durch Skaleneffekte in Kauf zu nehmen — ich meine die Annahme der konstanten Skalenerträge oder gleichbedeutend damit der Produktionsfunktionen vom Homogenitätsgrad 1. Darüber ist nun allerdings die Sicht auf die ganz langfristige Entwicklung, die den ökonomischen Klassikern wohl vornehmlich nahelag, zurückgetreten. Die pessimistischen Schlußfolgerungen, zu denen die Klassiker gelangten, haben ja der Nationalökonomie bekanntlich den Namen der dismal science (Carlyle) eingetragen. Im Gegensatz dazu ist der Ausblick heute ein ziemlich ungetrübter. Bei proportionalem Wachstum (Balanced Growth) werden gewisse Proportionen dauernd eingehalten, alles wächst in gleichem Maße, die Bevölkerung eingeschlossen. Natürlich weiß jedermann, daß das auf ganz lange Sicht nicht möglich ist. Aber im long run sind wir ja alle tot. Außerdem sind bekanntlich langfristige Prognosen mit derartigen Unsicherheiten behaftet, daß die ganz langfristige Analyse als hoffnungslos und daher irrelevant erscheint.

In diesem Referat möchte ich zur Tradition der Klassiker zurückkehren und aufs Neue die Frage nach den Wachstumsgesetzen in ganz langen Perioden aufwerfen. Es scheint mir jedenfalls der Prüfung wert, ob eine Untersuchung des Wachstums in ganz langen Zeiträumen nicht doch Zusammenhänge aufzeigen kann, die auch in der Gegenwart relevant sind. Insbesondere möchte ich versuchen, die Ertragsgesetze selbst dabei einer schärferen Analyse zu unterziehen.

Es liegt in der Natur der langfristigen Zusammenhänge, daß man dabei nicht positiv vorhersehen kann, was geschehen wird, sondern nur negativ, was nicht geschehen kann. Das heißt also, daß wir nicht mehr erhoffen können, als den Bereich der Möglichkeiten einzuengen. Unser Verfahren wird darin bestehen, verschiedene Modelle daraufhin zu prüfen, ob sie zu einem unbegrenzten Bevölkerungswachstum führen können — und die dafür verantwortlichen Annahmen zu verwerfen.

Sobald man nun die Annahme der konstanten Skalenerträge fallen läßt, werden weitere typische Voraussetzungen fragwürdig, so insbesondere die eines vorgegebenen Bevölkerungswachstums, insbesondere von konstanter Wachstumsrate. Auch die Möglichkeiten des technischen Fortschritts, den man sich ebenfalls häufig von konstanter gegebener Wachstumsrate denkt, werden problematisch. Im folgenden untersuche ich zunächst den Effekt eines neutralen technischen Fortschritts von konstanter Rate bei homogener Produktionsfunktion vom Grade weniger als eins (1. Abschnitt). Daran schließt sich ein einfaches Wachstumsmodell mit Cobb-Douglas Produktionsfunktion ohne technischen Fortschritt (Abschnitt 2). Die Schlußfolgerungen für dieses Modell lassen sich auf allgemeine homogene Produktionsfunktionen übertragen. Endlich untersuche ich das Wachstum bei beschränktem Grenzprodukt der Arbeit (Abschnitt 3) und bei beschränkter Substituierbarkeit von Kapital für Arbeit (Abschnitt 4).

Den folgenden Betrachtungen liegt ein einfaches Modell zugrunde, das nach verschiedenen Richtungen variiert wird. Ich möchte es einleitend zunächst für den uns allen geläufigen Fall der konstanten Ertragszuwächse vorführen.

Annahmen

a) Es wird ein einziges Gut produziert, das sowohl Konsum- wie Kapitalgut ist.

b) Arbeit L und Kapital K werden als einzige Produktionsfaktoren berücksichtigt. Die Produktionsfunktion F (K, L) hat die üblichen Eigenschaften

$$F_K \geqq 0 \qquad F_L \geqq \qquad F_{KL} \geqq 0 \qquad F_{KK} \leqq 0 \qquad F_{LL} \leqq 0 \, .$$

c) Die Produktionsfaktoren werden nach dem Grenzprodukt F_K, F_L entlohnt. Die Anteile der nicht betrachteten Produktionsfaktoren werden als konsumiert angenommen.

d) Der Ergiebigkeitsgrad der Produktionsfunktion wird zunächst als 1, danach als kleiner als 1 angenommen. Das bedeutet, daß durch Verdoppelung der Faktormengen auch der doppelte Ertrag (bzw. weniger als der doppelte Ertrag) erzielt wird. Die Produktionsfunktion ist im ersten Fall homogen vom Grade eins.

e) Das Sparen ist ein konstanter Bruchteil des Kapitaleinkommens. Alles Sparen wird investiert.

$$\dot{K} = sKF_K \tag{1}$$

(Differentiation nach der Zeit wird durch einen Punkt bezeichnet.)

f) Die Zahl der Geburten ist proportional dem Arbeitseinkommen, die Zahl der Todesfälle ist proportional der Bevölkerung.

(2) $$\dot{L} = bLF_L - mL \ .$$

Das heißt die Wachstumsrate $\frac{\dot{L}}{L}$ der Bevölkerung ist eine lineare Funktion des Pro-Kopf-Einkommens der Arbeiter. Es wird Vollbeschäftigung angenommen und keine Unterscheidung zwischen der Gesamtbevölkerung und der arbeitenden Bevölkerung gemacht. (Mit anderen Worten, beide sind als streng proportional angenommen.)

Wir zeigen: bei konstantem Skalenertrag und unter den zusätzlichen Voraussetzungen

(0) $$\begin{gathered} F_K \geqq 0 \qquad F_L \geqq 0 \qquad F_{KL} > 0 \\ F_K(K, 0) = 0; K > 0; F_L(0, L) = 0 \\ F_K(0, L) = \infty; L > 0; F_L(K, 0) = \infty \end{gathered}$$

besteht ein eindeutiger Pfad balancierten Wachstums (d. h. eines Wachstums mit konstanten Faktorproportionen). Er wird von jeder Anfangsposition erreicht.

Dem Beweis schicken wir folgenden bekannten Hilfssatz voraus, den wir wiederholt benötigen:

Hilfssatz: Ist F (K, L) homogen vom Grade a, dann sind F_K (K, L) und F_L (K, L) homogen vom Grade a—1.

Beweis: Homogenität bedeutet

$$F(rK, rL) = r^a F(K, L)$$

Differention nach K bei festgehaltenem L ergibt

$$r F_K = r^a F_K(K, L)$$

$$F_K(rK, rL) = r^{a-1} F_K(K, L)$$ QED.

In der für homogene Differentialgleichungen üblichen Weise führen wir die neue Variable $\frac{L}{K}$ – u ein.

Nun ist

$$F_K(K, L) = F_K(1, u)$$

$$F_L(K, L) = F_L(1, u)$$

da F homogen vom Grade Null ist.

Außerdem

$$\dot{u} = \dot{\left(\frac{L}{K}\right)} = \frac{\dot{L}K - \dot{K}L}{K^2} = \frac{(bLF_L - mL)K - sKF_K L}{K^2}$$

$$= b\, u\, F_L(1, u) - mu - suF_K(1, u)$$

oder

(3) $$\frac{\dot{u}}{u} = bF_L(1, u) - sF_K(1, u) - m = \Phi(u) \ .$$

Für u = 0 ist $\Phi(u) = \infty$, da

$$F_L(1,0) = \infty \qquad F_K(1,0) = 0$$ nach Voraussetzung.

Für $u \to \infty$ folgt aus

$$F_L(1,u) = F_L\left(\frac{1}{u}, 1\right) \to F_L(0,1) = 0$$

$$F_K(1,u) = F_K\left(\frac{1}{u}, 1\right) \to F_K(0,1) = \infty$$

daß $\Phi(\infty) = -\infty$

Weiterhin ist

$$\Phi'(u) = bF_{LL} - sF_{KL} < 0$$

so daß Φ eine monoton abnehmende Funktion von u ist. Da sie außerdem stetig ist, folgt, daß sie eine einzige Nullstelle hat: $u = u_0$ mit

(4) $$bF_L(1, u_0) - sF_K(1, u_0) - m = 0 \; .$$

Für $u < u_0$ ist $\Phi(u) > 0$
$u > u_0$ $\Phi(u) < 0$.

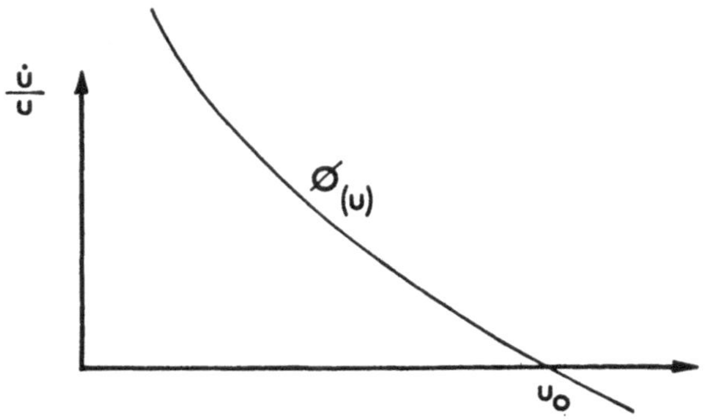

Abbildung 1

Wegen $\frac{\dot{u}}{u} = \Phi(u)$ konvergiert u von jeder Ausgangsposition nach u_0, d. h. die Faktorproportionen stabilisieren sich und der Wachstumsprozeß balanciert sich. [Die Voraussetzungen für F lassen sich noch etwas abschwächen, und die Art der Annäherung läßt sich genauer angeben, doch soll das nicht weiter ausgeführt werden.]

Ist ein derartiges stabiles, balanciertes Wachstum mit abnehmendem Skalenertrag schlechterdings unverträglich? Um das zu untersuchen, erweitern wir das Modell[1], indem wir das Bruttosparen dem Kapitaleinkommen proportional setzen und eine konstante Rate der Kapitalabnutzung q annehmen.

[1] Über die Existenz balancierten Wachstums bei abnehmendem Skalenertrag in einem Multisektorenmodell vergleiche: D. Suits, Dynamic Growth under Diminishing Returns to Scale. *Econometrica* 22 (1954), S. 496—501.

(1a) $$K = sKF_K - qK \; .$$

Weiterhin wollen wir die Produktion als homogen vom Grade a ansehen. Die gleichen Überlegungen wie im vorigen Modell führen auf die Differentialgleichung

$$\frac{\dot{u}}{u} = K^{a-1} \left[bF_L(1, u) - s\,F_K\,(1, u) \right] + q - m \; .$$

Notwendig und hinreichend für ein Wachstum mit gleichgewichtiger Proportion u_0 ist nunmehr, daß $q = m$. Die Gleichgewichtsproportion u_0 wird gegeben durch

$$\frac{F_L\,(1,u_0)}{F_K\,(1,u_0)} = \frac{s}{b}$$

Ist dagegen $q \neq m$, etwa $q = 0$ (d. h. die durchschnittliche Lebensdauer des Kapitals kleiner als die der Menschen im arbeitsfähigen Alter), dann gilt statt (4)

(4a) $$bF_L\,(1, u_0) - s\,F_K\,(1, u_0) - mK^{1-a} = 0$$

so daß u_0 eine Funktion von K wird. Aus den Annahmen über F_L, F_K folgt daher, daß

$$\lim_{K \to \infty} u_0 = 0 \; .$$

Die Rate der Kapitalakkumulation liegt dann also im long run über der Rate des Bevölkerungswachstums.

Konstante Faktorproportionen bei abnehmendem Skalenertrag bedeuten, daß die Wachstumsraten von Arbeit, Kapital und (in der Abwesenheit von technischem Fortschritt auch von) Produkt gleich sind, aber mit zunehmender Skala im Betrag abnehmen. Es fragt sich aber, ob dieser Skaleneffekt durch den technischen Fortschritt wettgemacht werden kann. Das soll im nächsten Abschnitt untersucht werden.

II. Neutraler technischer Fortschritt

Unter neutralem technischen Fortschritt (im Sinne von Hicks) versteht man bekanntlich, daß die Produktionsfunktion in einen von der Zeit abhängigen und einen von den Produktionsfaktoren abhängigen Faktor gespaltet werden kann.

$$F\,(K, L, t) = g\,(t)\,f\,(K, L) \; .$$

Wir wollen die noch speziellere Annahme einer konstanten Rate des technischen Fortschritts machen

$$g\,(t) = e^{\gamma t} \; .$$

Außerdem sei die Produktionsfunktion homogen vom Grade a ($0 < a < 1$) in bezug auf die Faktoren Arbeit und Kapital. Die Grundgleichungen (1) und (2) haben die Form

(1a) $$\dot{K} = se^{\gamma t} K f_K(K, L) \; .$$

(2a) $$\dot{L} = be^{\gamma t} L f_L(K, L) - mL \; .$$

Es ist nun leicht einzusehen, daß ein Prozeß balancierten Wachstums existiert mit der Wachstumsrate $\frac{\gamma}{1-a}$. Mit dem Ansatz $K = K_0 e^{\frac{\gamma}{1-a}t}$ $L = L_0 e^{\frac{\gamma}{1-a}t}$ erhält man nämlich aus (1 a)

$$\frac{\gamma}{1-a} K_0 e^{\frac{\gamma}{1-a}t} = se^{\gamma t} \cdot K_0 e^{\frac{\gamma}{1-a}t} f_K(K_0 e^{\frac{\gamma}{1-a}t}, L_0 e^{\frac{\gamma}{1-a}t})$$

Nun ist

$$f_K(K_0 e^{\frac{\gamma}{1-a}t}, L_0 e^{\frac{\gamma}{1-a}t}) = \left(e^{\frac{\gamma}{1-a}t}\right)^{(a-1)} f_K(K_0, L_0) = e^{-\gamma t} f_K(K_0, L_0)$$

und daher

$$\frac{\gamma}{1-a} K_0 e^{\frac{\gamma}{1-a}t} = s K_0 e^{\frac{\gamma}{1-a}t} f_K(K_0, L_0)$$

oder

(5) $$f_K(K_0, L_0) = \frac{\gamma}{(1-a)s}$$

Aus (2 a) erhält man entsprechend

$$\frac{\gamma}{1-a} L_0 e^{\frac{\gamma}{1-a}t} = b e^{\gamma t} L_0 e^{\frac{\gamma}{1-a}t} f_L(K_0 e^{\frac{\gamma}{1-a}t}, L_0 e^{\frac{\gamma}{1-a}t}) - m L_0 e^{\frac{\gamma}{1-a}t}$$

und nach geeigneter Umformung

$$\frac{\gamma}{1-a} = bf_L(K_0, L_0) - m$$

d. h.

(6) $$f_L(K_0, L_0) = \frac{m}{b} + \frac{\gamma}{(1-a)\,b}$$

Durch (5) und (6) sind K_0 und L_0 bestimmt, und mit geeigneten Voraussetzungen, etwa den Annahmen (0), ist diese Bestimmung stets möglich und eindeutig.

Der balancierte Wachstumsprozeß ist auch stabil. Der Beweis kann folgendermaßen skizziert werden. Wir setzen

$$K = xe^{\frac{\gamma}{1-a}t}$$

$L = ye^{\frac{\gamma}{1-a}t}$ und formen die Gleichungen (1 a) und (2 a) um in

(7) $$\dot{x} = sx^a F_K(1, \frac{y}{x}) - \frac{\gamma}{1-a} x$$

(8) $$\dot{y} = by^a F_L(1, \frac{y}{x}) - my - \frac{\gamma}{1-a} y$$

Angenommen, daß einer der Faktoren schneller wächst als der andere, etwa das Kapital schneller als die Arbeit, und daher x schneller als y. Dann ist $F_K(1, \frac{y}{x})$ eine abnehmende Funktion der Zeit. In (7) wächst (fällt) daher dem Betrage nach der erste Term langsamer als der zweite. Daher wird schließlich $\dot{x} = 0$. Dann ist

$$F_K(1, \frac{y}{x}) = \frac{\gamma}{(1-a)\, s} \; x^{1-a}$$

oder

$$F_K(x, y) = \frac{\gamma}{(1-a)\, s}$$

Da x konstant ist und die rechte Seite konstant ist, muß auch y konstant sein, vorausgesetzt, daß $F_{KL} > 0$. Aus der Konstanz von x und y folgt dann

$$K = x_0 \, e^{\frac{\gamma}{1-a} t}$$

$$L = y_0 \, e^{\frac{\gamma}{1-a} t}$$ QED.

Dieses Ergebnis bestätigt einen Sachverhalt, der für Prozesse mit gegebenem Bevölkerungswachstum wohlbekannt ist: daß nämlich neutraler technischer Fortschritt und Skalenerträge (die gewöhnlich als zunehmend angenommen werden) praktisch ununterscheidbar sind. In diesem Modell ist es z. B. unmöglich, aus der beobachteten Wachstumsrate im Gleichgewicht die Koeffizienten a und γ getrennt zu berechnen.

Eine interessante Frage ist, welchen Effekt der neutrale technische Fortschritt bei *konstantem* Skalenertrag und endogenem Bevölkerungswachstum hat. Es läßt sich zeigen, daß auch dann ein stabiler Wachstumsprozeß mit konstanten Faktorproportionen existiert, dessen Wachstumsrate aber selbst exponentiell ansteigt. Kapital und Arbeit sind also dann hyperexponentielle Funktionen der Zeit

$$K \sim e^{e^{\gamma t}} \qquad L \sim e^{e^{\gamma t}}$$

Ein solches Verhalten ist nun aber selbst mittelfristig unmöglich, und zwar schon aus der biologischen Begrenztheit der Wachstumsrate der Bevölkerung.

III. Cobb-Douglas Produktionsfunktion

Es ist vielleicht nicht überraschend, daß eine konstante Rate des technischen Fortschritts einen abnehmenden Skalenertrag kompensieren kann und auf diese Weise ein unbegrenztes Wachstum der Bevölkerung und des Kapitals ermöglicht. Fragen wir uns nun, ob in einer Wirtschaft ohne technischen Fortschritt — oder mit einer Fortschrittsfunktion g(t), die unter einer festen Grenze bleibt und also für große t durch eine Konstante ersetzt werden kann — Bevölkerung und Kapitalakkumulation ebenso unvermeidlich beschränkt bleiben müssen, also ob die klassische Stagnation eintreten muß.

Um der Konkretheit willen wollen wir eine Cobb-Douglas Produktionsfunktion annehmen[2]

$$F(K, L) = K^{\varkappa} L^{\lambda} \qquad \text{mit } \varkappa + \lambda < 1 \, . \tag{9}$$

Dann ist

$$\dot{L} = b\lambda \, K^{\varkappa} L^{\lambda} - mL \, . \tag{10}$$

$$\dot{K} = s\varkappa \, K^{\varkappa} L^{\lambda} \tag{11}$$

Um eine asymptotische Lösung des Systems (10), (11) zu erhalten, eliminieren wir zunächst die Zeit, indem wir (10) durch (11) dividieren. Die Bevölkerung erscheint jetzt als Funktion des Kapitals in Form der Differentialgleichung

$$\frac{dL}{dK} = \frac{g}{s} - \frac{m}{s} L^{1-\lambda} K^{-\varkappa}$$

oder in vereinfachter Schreibweise

$$= a - b \, L^{1-\lambda} \, K^{-\varkappa} \, . \tag{12}$$

Es läßt sich zeigen, daß die rechte Seite im Maß nach Null konvergiert. Daraus ergibt sich die asymptotische Lösung

$$L \simeq K^{\frac{\varkappa}{1-\lambda}} \tag{13}$$

mit dem Exponenten $\frac{\varkappa}{1-\lambda} < 1$. Das Kapital-Arbeitsverhältnis wächst also bei der Kapitalakkumulation und ebenfalls der Kapitalkoeffizient

---

[2] Dieses Modell ist inzwischen von Niehans verallgemeinert und in eleganter Weise untersucht worden. Das „Zweiklassenmodell" hat die Form

$$\dot{L} = a \, K^{\varkappa} L^{\lambda} - bL \, .$$

$$\dot{K} = c \, K^{\varkappa} L^{\lambda} - dK \, .$$

Das „Einklassenmodell" ist von der Form

$$\dot{L} = a \, K^{\varkappa} L^{\lambda} - bL \, .$$

$$\dot{K} = c \, K^{\varkappa} L^{\lambda} - dL \, .$$

Niehans betrachtet sowohl abnehmende, wie konstante und zunehmende Skalenerträge und erhält entsprechend verschiedene Wachstumspfade im long run.

J. Niehans, Economic Growth with Two Endogenous Factors, *QJE* 77 (1963), S. 349—371.

$$\frac{K}{Y} \simeq \frac{K}{K^{\varkappa}\, K^{\frac{\lambda\varkappa}{1-\lambda}}} = K^{\frac{1-\varkappa-\lambda}{1-\lambda}}$$

Wohl überraschend ist die Schlußfolgerung, daß trotz abnehmendem Skalenertrag sowohl Kapital wie Bevölkerung unbegrenzt wachsen. Denn durch Einsetzen von (13) in (10) und in (11) erhält man

$$\dot{K} \simeq K^{\varkappa + \frac{\lambda\varkappa}{1-\lambda}} = K^{\frac{1-\lambda-\varkappa}{1-\lambda}}$$

oder

$$K^{\frac{\lambda+\varkappa-1}{1-\lambda} + 1} \simeq t$$

$$K \simeq t^{\frac{1-\lambda}{\varkappa}}$$

$$L \simeq t$$

(Daß dieser Ansatz die Gleichungen (10) und (11) asymptotisch befriedigt, läßt sich auch direkt verifizieren.) Die Bevölkerung würde also im long run angenähert um einen konstanten jährlichen Betrag wachsen.

Die Wachstumsrate

$\frac{\dot{L}}{L}$ fällt dagegen nach Null.

Daraus ist natürlich zu schließen, daß die Cobb-Douglas Produktionsfunktion keine für langfristige Zwecke brauchbare Beschreibung der Ertragsgesetze darstellt. Die Tatsache, daß nur eine endlich große Bevölkerung auf dieser Erde existieren kann, bedeutet, daß härtere Gesetze wirksam sind als selbst das Gesetz vom abnehmenden Ertragszuwachs (insbesondere vom abnehmenden Skalenertrag).

Worin geht die Cobb-Douglas Produktionsfunktion fehl? Offenbar erlaubt sie, das Grenzprodukt der Arbeit durch hinreichenden Kapitaleinsatz beliebig groß zu machen. Im Wachstumsprozeß ermöglicht sie durch Kapitalakkumulation, das Grenzprodukt der Arbeit über der kritischen Schwelle $\frac{m}{b}$ zu halten, bei der ein Bevölkerungswachstum aufhören würde.

Im Gegensatz dazu muß unter realistischen Verhältnissen die Linie derjenigen Kombinationen von Kapital und Arbeit, bei der das Grenzprodukt der Arbeit gleich einem festen Wert — etwa $\frac{m}{b}$ — ist, anders verlaufen.

Damit ein gegebener Wert des Grenzprodukts der Arbeit nur unterhalb einer gewissen Bevölkerungsgröße erreicht werden kann, muß die Kurve der Kombinationen mit konstantem Grenzertrag der Arbeit links von einer bestimmten Vertikalen bleiben, d. h. eine vertikale Asymptote haben (Fig. 2).

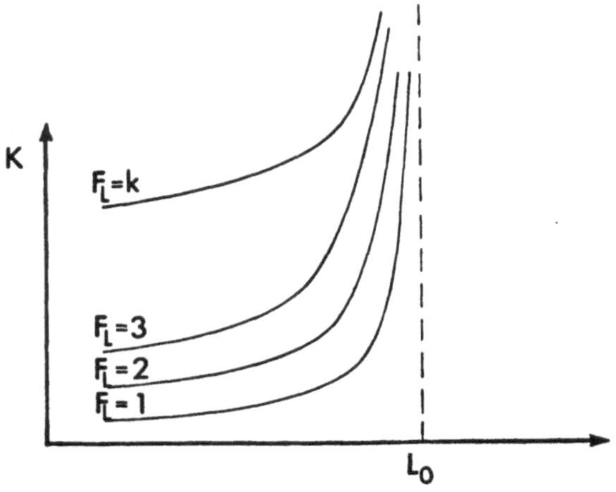

Abbildung 2

Die Implikationen dieses Sachverhalts werden im folgenden Abschnitt näher untersucht.

IV. Beschränktes Grenzprodukt der Arbeit und beschränkte Substituierbarkeit

Die Betrachtungen des vorigen Abschnittes führen zu folgendem Schluß: Die Kapitalmenge, die für ein vorgegebenes Grenzprodukt der Arbeit erforderlich ist, geht nach unendlich, wenn die Bevölkerungsgröße sich einem bestimmten kritischen Wert nähert. Das kann auch so ausgedrückt werden: von einer bestimmten Bevölkerungsgröße an liegt das Grenzprodukt der Arbeit unter einem vorgeschriebenen Wert, ganz gleich wie groß die angewandte Kapitalmenge ist. Sei K als Funktion von L gegeben durch

$$F_L(K, L) = c_0 \ .$$

Damit aus $L \to L_0$ folgt $K \to \infty$ muß

$$F_L(K, L_0) \leqq c_0 \quad \text{für alle K.} \tag{14}$$

Bei homogener Produktionsfunktion vom Grade $1 - \varepsilon$ ergibt sich daraus weiter, daß

$$F_L(K, L) = \left(\frac{L}{L_0}\right)^{-\varepsilon} F_L\left(\frac{L_0}{L} K, L_0\right) \leqq L_0^{\varepsilon} c_0 \cdot L^{-\varepsilon} \quad \text{für alle K.}$$

$$F_L(K, L) \leqq c_1 L^{-\varepsilon} \text{ für alle K und L.} \tag{15}$$

(wobei $c_1 = c_0 L_0$) oder nach Integration

$$F(K, L) \leqq \frac{L_0^{\varepsilon} c}{1-\varepsilon} L^{1-\varepsilon}$$

(16) $$F(K, L) \leqq c_2 L^{1-\varepsilon} \text{ für alle K und L.}$$

Diese Bedingung ist auch hinreichend für eine endliche Beschränkung der Bevölkerung. Denn aus

$$\begin{aligned} \dot{L} &= bF_L - mL \\ &\leqq c_1 L^{-\varepsilon} - mL \end{aligned}$$

folgt, daß schließlich $L \leqq \left(\frac{c_1}{m}\right)^{\frac{1}{1-\varepsilon}}$

[Wegen der Auflösung der zugehörigen Differentialgleichung siehe unten.]

Weiterhin kann man noch unterscheiden zwischen dem Fall

1. in dem das Grenzprodukt der Arbeit mit wachsendem Kapital stets zunimmt (aber dennoch beschränkt bleibt)

$$F_{LK}(L_0, K) > 0 \quad \text{für alle K}$$

und dem Fall

2. in dem

$$F_{LK}(L_0, K) = 0 \text{ für } K \geqq K_0 .$$

Der letzte Fall bedeutet, daß von einem bestimmten Punkt an das Kapital ein limitationaler Faktor wird. Das Kapital kann also in diesem Fall nur bis zu einem gewissen Grenzverhältnis mit der Arbeit produktiv kombiniert werden. Dieses Verhältnis könnte allerdings mit zunehmender Skala selbst nach unendlich gehen und damit wäre im wesentlichen die Situation 1.) wieder erreicht. Der interessantere Spezialfall ist aber der, in welchem auch für $L \to \infty$ das maximale Verhältnis, in dem Kapital und Arbeit produktiv kombiniert werden können, beschränkt bleibt. Es liegt dann ein verallgemeinerter Fall der fixen Proportionen vor.

Als illustratives Beispiel soll noch der Fall einer homogenen Produktionsfunktion mit begrenzter Substituierbarkeit untersucht werden.

(17) $$F(K, L) = K^{\varkappa} L^{\lambda} \qquad k_0 \leqq \frac{K}{L} \leqq k_1$$

Sei zunächst $k_0 < \frac{K}{L} \leqq K_1$, d. h. die Produktion erfolge nicht nach der arbeitsintensivsten Methode. Dann muß wegen des schnelleren Wachstums des Kapitals [s. oben] schließlich die obere Grenze $K = k_1 L$ angenommen werden. Die Kapitalakkumulationsgleichung (1) wird dann unwirksam, und in der Wachstumsgleichung für die Bevölkerung ist $K = k_1 L$ zu setzen

$$\begin{aligned} \dot{L} &= b\,L\,F_L(K, L) - mL \\ &= b\,L\,F_L(k_1 L, L) - mL \\ &= b\,L^{1-\varepsilon}\,F_L(k_1, 1) - mL \end{aligned}$$

(18) $$= g\,L^{1-\varepsilon} - mL \qquad \text{mit} \qquad g = b\,F_L(k_1, 1)$$

Die Auflösung dieser sogenannten Bernoullischen Differentialgleichung ergibt[3]

(19) $$L = \left(\frac{g}{m} + \left[L^{\varepsilon}(o) - \frac{g}{m}\right] e^{-mt}\right)^{\frac{1}{\varepsilon}}$$

und dieser Ausdruck strebt für $t \to \infty$ nach dem endlichen Wert

$$L = \left(\frac{g}{m}\right)^{\frac{1}{\varepsilon}} = \left[\frac{b\,F_L(k_1, 1)}{m}\right]^{\frac{1}{\varepsilon}} .$$

Die Annäherung selbst ist exponentiell, wie aus (19) ersichtlich wird. Sei zweitens ursprünglich $K = k_0 L$. Das bedeutet, daß die Beschäftigung der Arbeit durch die vorhandene Kapitalmenge beschränkt wird, eine Situation, die für Entwicklungsländer typisch ist. Wir müssen dann unterscheiden zwischen arbeitsfähiger Bevölkerung N und Beschäftigung L. Die Kapitalakkumulationsgleichung (1) bleibt unverändert. Für das Bevölkerungswachstum gilt statt (2)

$$\dot{N} = b\,L\,F_L - mN$$

wobei das Arbeitseinkommen $L\,F_L$ die Geburtenzahl bestimmt, während die Todeszahl mN von der Gesamt-Bevölkerung abhängt.

Dabei ist zu setzen $L = \frac{1}{k_0} K$. Es ergibt sich dann für die Kapitalakkumulation

$$\begin{aligned} \dot{K} &= s\,K\,F_K(K, L) \\ &= s\,K\,F_K\left(K, \frac{1}{k_0} K\right) \\ &= s\,K^{1-\varepsilon}\,F_K\left(1, \frac{1}{k_0}\right) \end{aligned}$$

(20) $$= a^{\varepsilon} K^{1-\varepsilon} \qquad \text{mit } a^{\varepsilon} = s\,F_K\left(1, \frac{1}{k_0}\right).$$

(21) $$K = (K(0) + a^{\varepsilon} t)^{\frac{1}{\varepsilon}}$$

$$\to a\,t^{\frac{1}{\varepsilon}}$$

Für das Bevölkerungswachstum erhält man

$$\begin{aligned} \dot{N} &= \frac{b}{k_0} K\,F_L\left(K, \frac{1}{k_0} K\right) - m\,N \\ &= \frac{b}{k_0} K^{1-\varepsilon}\,F_L\left(1, \frac{1}{k_0}\right) - m\,N \end{aligned}$$

oder vermöge (20)

$$\dot{N} + mN = \frac{b\,F_L\left(1, \frac{1}{k_0}\right)}{k_0\,a^{\varepsilon}}\,\dot{K}$$

[3] E. I. *Ince*, Ordinary Differential Equations, London 1926, S. 22—23.

$$(22) \qquad = h\,\dot{K} \qquad \text{mit } h = \frac{b\,F_L\,(1, \frac{1}{k_0})}{k_0\,s\,F_K\,(1, \frac{1}{k_0})} \,.$$

Nach Einsetzen von (21) kann diese Differentialgleichung explizite gelöst werden. Für unsere Zwecke genügt es, das asymptotische Verhalten zu untersuchen. Da

$$\dot{K} \rightarrow \frac{a}{\varepsilon}\, t^{\frac{1}{\varepsilon} - 1}$$

ist

$$\dot{N} + m\,N \rightarrow \frac{ha}{\varepsilon}\, t^{\frac{1-\varepsilon}{\varepsilon}}$$

$$N \rightarrow \frac{ha}{\varepsilon m}\, t^{\frac{1-\varepsilon}{\varepsilon}}$$

Der Exponent von K ist also um eins größer als der von N. Das Kapital wird also auch in diesem Falle schneller wachsen als die Bevölkerung, bis die Grenzlage $K = k_1 L$ hergestellt ist und die früheren Betrachtungen anwendbar werden. Der Endzustand ist also völlig unabhängig von der ursprünglichen Kapitalausstattung, entwickelte und Entwicklungsländer erreichen im ganz langfristigen Wachstum denselben Zustand der Stagnation.

Zum Schluß sei noch einmal hervorgehoben, daß wir nicht tatsächliche Verläufe, sondern nur die Grenzen des Möglichen in der langfristigen Entwicklung skizziert haben. Die Bevölkerung und/oder das Kapital können langsamer wachsen als in diesem Modell und zeitweilig auch schneller. Der Endzustand braucht nie ganz erreicht zu werden, und dieser Zustand ist nicht eindeutig, sondern hängt von den Parametern ab, die in die Verhaltensgleichungen eingehen: der Sparquote s und dem Parameter b, der die Nachfrage nach Nachwuchs ausdrückt. Mit zeitlichen Änderungen in diesen Verhaltensparametern kann auch der Endzustand sich verschieben oder einen Zyklus durchlaufen. Stagnation ist daher nicht gleichbedeutend mit Stabilität. Sie ist auch nicht zu verwechseln mit einem Existenzminimum. Nur dann wird ein Minimum der Versorgung in bezug auf (wenigstens) ein kritisches lebenswichtiges Gut erreicht, wenn der Bevölkerungsdruck durch kein anderes Mittel zurückzuhalten ist. Aber eine absolute Knappheit in einem lebenswichtigen Gut schließt einen hohen Lebensstandard in bezug auf alle anderen Güter nicht aus. Es ist möglich und wohl wahrscheinlich, daß ein derartiges sozial verknapptes Gut zum Gegenstand von conspicuous consumption und sozialem Ehrgeiz wird. Wenn das knappe Gut sich als bloßer Raum auf der Erde erweisen sollte, dann würden interessante

Probleme der rationellen Raumausnutzung, eine Art Standortlehre des space age, aufgeworfen. Doch tritt man mit Spekulationen dieser Art schon in den Bereich der science fiction und verläßt den Boden einer disziplinierten ökonomischen Analyse.

Die Veränderlichkeit der Konsumgüterstruktur in der wachsenden Wirtschaft*

Von Prof. Dr. *Knut Borchardt* (Mannheim)

I

1. Unter einer Konsumgüterstruktur soll hier eine gedachte Ordnung aller tatsächlich erzeugten Konsumgüter verstanden werden. Treten neue Güter auf und/oder andere ab, so ändert sich die Güterstruktur. Änderungen der Güterstruktur beeinflussen die Verbrauchsstruktur, d. h. das anteilige Verhältnis der Verbrauchsausgaben bestimmter Güterarten am Gesamtverbrauch von Individuen oder Gruppen. Dennoch genügt es nicht, allein die Wandlungen der Verbrauchsstruktur zu untersuchen, da diese vielfach auf Determinanten zurückzuführen sind, die mit der Güterstruktur nichts zu tun haben. Es ist im Folgenden zu zeigen, daß die Veränderlichkeit der Konsumgüterstruktur selbst wissenschaftliches Interesse beanspruchen darf.

Sie ist eine wirtschaftshistorisch wichtige Erscheinung. Perioden großen Wirtschaftswachstums scheinen mit Produktinnovationen verbunden gewesen zu sein, und in der Gegenwart ist die schnelle Veränderlichkeit der Produkte ein unmittelbar auffälliger Tatbestand. Dennoch wird er in den meisten entwickelten Wachstumstheorien im allgemeinen ausgeschlossen[1] oder nur in einer eigentümlichen Weise berücksichtigt, die dieser Variablen als erklärende oder als erklärte Größe eine gewisse Sonderstellung gibt. Dort wo Wandlungen der Güterstruktur unter die erklärenden Variablen aufgenommen wurden, erscheinen sie jedenfalls nicht als meßbare Größen, deren Einfluß man parametrisch festlegen könnte[2]. Neue Produkte treten in „eingekleideter" Form in die Modelle ein, beispielsweise irgendwie auf die Höhe der autonomen In-

* Der Verfasser dankt den Teilnehmern der Diskussion im Theoretischen Ausschuß für ihre Anregungen und speziell Herrn Prof. Dr. R. Richter für die Abbildung 3.

[1] „There is only one commodity, output as a whole, whose rate of production is designated Y_t." R. *Solow*, The Theory of Economic Growth, Quarterly Journal of Economics, Bd. 71 (1957), S. 66. „The commodities purchased for consumption do not alter through time ... and they are consumed in fixed proportions ..." J. *Robinson*, The Accumulation of Capital, 1956, S. 64.

[2] Eine Ausnahme ist der Versuch von H. *Brems*, Output, Employment, Capital and Growth, New York 1959. Siehe hierzu weiter unten.

vestitionen wirkend oder die Konsumneigung beeinflussend. Zudem werden derartige Wandlungen im allgemeinen als exogen verursacht betrachtet. Es wird kein ökonomischer Mechanismus angegeben, der sie hervorruft und den es zu entdecken gilt. Die Absicht ist hier, einen Beitrag zur „Endogenisierung" der variablen Güterstruktur zu leisten.

2. Für die explizite Diskussion der Ursachen und Wirkungen von Änderungen der Produktstruktur wäre es wichtig, die Produkte eindeutig einander zuordnen zu können, d. h. jedem Produkt einen Standort im Gesamtverband aller anderen zu geben, so daß man die Abstände der Produkte in Analogie zur räumlichen Struktur der Wirtschaft zu messen und damit die Änderungen der Struktur anzugeben vermag. Das gesamte Feld, in dem sich die möglichen Standorte befinden können, wäre der „Produktraum". Er müßte alle technisch überhaupt möglichen Standorte enthalten. Die Produktstruktur wäre dann das tatsächliche Ergebnis der Standortwahl durch Produzenten und Konsumenten. Produktraum und Produktstruktur wären Variable in der Zeit.

Die Ordnung von Standorten im geographischen Raum bietet im allgemeinen kein Problem, weil man die Abstände aller Standorte voneinander messen kann. Nicht so bei der Güterstruktur. Wohl kann man nicht wenige Eigenschaften von Produkten messen und insofern auch ihre Abstände voneinander angeben. Selbst wenn die Strukturen dann vieldimensional definiert werden müßten, wäre das Objekt noch immer klar bestimmt. Aber man kann schwerlich behaupten, daß auf diesem Wege ohne Zuhilfenahme von Geldrechnung und Konsumentenentscheidungen der „Abstand" zwischen einem nahtlosen Strumpf und einem solchen mit Naht zu bestimmen ist.

Die statistische Praxis hat sich angesichts dieser Schwierigkeiten dadurch geholfen, daß sie Preisunterschiede als eine Art „Qualitätsindex" verwendet, um Änderungen des Warenkorbes bei der Berechnung von Preis- und Mengenindices möglichst auszuklammern. Ein teureres Produkt ist nach dieser Regel zugleich ein Mehr an Produkt. Wenn es gelingt, aus den ermittelten Preisdifferenzen zwischen Produkten inflationistische Effekte herauszuhalten, erhält man wenigstens näherungsweise Indices der qualitativen Komponente der Änderung von Güterstrukturen. Der Durchschnittspreis aller Konsumgüter wäre ein solcher Qualitätsindex — aber selbstverständlich kein Maß für die Vielfalt der möglichen Produktänderungen in ihrer gesamten Struktur[3].

---

[3] Der Durchschnittspreis kann auch nur unter ganz speziellen Bedingungen ein Qualitätsmaß sein: die Produktionsfunktionen dürfen keine economies of scale aufweisen, Preisdifferenzierung muß ausgeschlossen werden und (bei Analysen in der Zeit) technischer Fortschritt darf die Produktionsfunktionen ebenso wenig verändern wie Faktorpreisänderungen die Kosten beeinflussen dürfen. *Prais-Houthakker*, The Analysis of Family Budgets, Cambridge 1955, benutzen die Durchschnittspreise deshalb nur bei Querschnittsanalysen, speziell zur Berechnung einer Qualitätselastizität der Nachfrage.

H. Brems hat demgegenüber die Produktionskoeffizienten zur gedanklichen Bestimmung der Produkte nach all ihren Eigenschaften verwendet[4]. In der Tat kann man sich bei Annahme von limitationalen Produktionsfunktionen und genügender Disaggregation aller Inputs bis zu den Einzelleistungen vorstellen, daß alle Produkte in einem Raum der Produktionskoeffizienten genau spezifizierbar sind. Ein Produkt ist dann definiert durch die Menge seiner Produktionskoeffizienten. Da aber im allgemeinen der verfahrenstechnische Fortschritt ebenfalls durch die Veränderungen der Produktionskoeffizienten gemessen wird, wären Veränderungen in den Produktionsverfahren und Wechsel in der Güterstruktur nicht mehr eindeutig voneinander zu unterscheiden. Für die Modellbildung gibt es angesichts dieses Sachverhaltes scheinbar ein Entweder-Oder. Entweder hält man die Produktstruktur konstant und betrachtet mit der Veränderung der Koeffizienten die Wandlungen der technischen Verfahren oder man hält die Technik konstant und betrachtet die sich in Wandlungen der Koeffizienten niederschlagenden Veränderungen der Produktstruktur[5]. Die Annahme eines unveränderlichen Gutes bei veränderlichen Produktionskoeffizienten, die allein den verfahrenstechnischen Fortschritt messen, ist aber unter den scheinbar offenstehenden Möglichkeiten die einzige, die logisch vertretbar ist. Sofern das Produkt wirklich nur durch die Menge seiner Produktionskoeffizienten bestimmt ist, ist es unmöglich sich vorzustellen, was es heißt, bei konstanter Technik die Produkte zu ändern. Neue Güter erfordern in der Regel Kombinationen neuer Verfahren und es ist nicht möglich, beide Vorgänge scharf zu unterscheiden.

Bislang erwies sich die Produktstruktur jedenfalls Messungen in der Zeit nicht zugänglich. Theoretisch ist diese mangelnde Eindeutigkeit der Standorte der Güter im Produktraum und ihrer Veränderung sicherlich störend. Praktisch aber ist hierin einer der Gründe für den Umstand zu sehen, weshalb Produktwettbewerb in bestimmten Situationen dem Preiswettbewerb vorgezogen wird (worauf noch zurückzukommen ist). Auch in Zukunft wird man vermutlich, außer in eng begrenzten Fällen bestimmter Güter, die Veränderungen der Güterstruktur im Zeitablauf nicht explizit als meßbare Variable erfassen können, sondern wie bislang darauf angewiesen sein, ihre indirekten Wirkungen zu erfassen.

---

[4] H. *Brems*, siehe Anmerkung 2. Das Kapitel 17 ist eine erweiterte Fassung von: Input-Output Coefficients as Measures of Product Quality, American Economic Review 47 (1957) S. 105—118.

[5] „We can evade this difficulty by introducing into the model an abstract concept of technical progress which consists in improvements in methods of production without changes in the composite commodity representing the output of consumption goods. Thus if technical progress occurs in the production of particular consumption goods, the cost of the composite commodity is pro tanto reduced but its composition is not affected." J. *Robinson*, The Accumulation of Capital, 1956, S. 65.

3. Hierfür gibt es drei Wege, die wiederholt beschritten worden sind. Man behauptet:

a) Einflüsse der Veränderung der Güterstruktur auf die Konsumneigung (oder die Höhe des autonomen Konsums);

b) Einflüsse der Veränderung der Güterstruktur auf die Investitionsneigung;

c) Einflüsse der Veränderung der Güterstruktur auf die Produktionskoeffizienten.

Je nach dem gewählten Typ eines Wachstumsmodells ergeben sich dann die Konsequenzen für das Gleichgewichtswachstum. Brems bedient sich aller drei Wege und kommt zu dem einheitlichen Ergebnis, daß sich die Gleichgewichtswachstumsrate ceteris paribus vermindert, weil die Sparquote zurückgeht[6]. Das ist eine für die Beurteilung der Produktinnovationen wichtige Aussage. Neue Produkte werden weniger als eine Wachstumschance gesehen, wie sonst häufig in der Literatur[7], sie stellen vielmehr eine Gefahr dar.

Auf ähnlicher Spur wie Brems befand man sich, solange man mit Harrod unterstellte, daß eine wachsende Quote autonomer Investitionen die Gleichgewichtswachstumsrate mindert — und Produktneuerungen gehören ja zu den wichtigsten der genannten Motivationen für autonome Investitionen. Harrods Argument besagte, daß bei einem konstanten Akzelerator und erhöhten autonomen Investitionen eine geringere induzierte Investition genüge, um die Gesamtersparnis aufzunehmen, folglich auch ein geringeres Einkommenswachstum. Es ist inzwischen allgemein bekannt, daß diese Konstanz des Akzelerators dann unmöglich eine Gleichgewichtswachstumsrate auch bei Kapazitätsauslastung ergibt, wenn die autonomen Investitionen ebenfalls Kapazitäten schaffen, welche ausgelastet werden sollen. Das ist bei Innovationen zur Produktneuerung aber zu unterstellen. Tatsächlich muß sich in diesem Fall der

[6] Das ist unmittelbar einsichtig im Falle a). Für den Fall b) leitet Brems das Ergebnis aus einem System mit 34 Variablen ab, das man abgekürzt verbal etwa wie folgt beschreiben kann: bei konstantem Preis der Kapitalgüter sowie Konstanz der zukünftigen Erlöse und Ausgaben je Einheit des Kapitalgutes muß bei sinkender Lebensdauer der Anlagen (dies die Wirkung neuer Produkte) der interne Zins, mit dem die Reihe der Nettoeinnahmen auf den Gegenwartswert abgezinst wird, sinken. Sinkt aber der interne Zins, so sinken auch die Profite. Aus den Profiten wird vorzugsweise gespart, somit sinkt die Sparquote. Wenn man allerdings die Güterpreise und Löhne nicht als gegeben ansieht, so könnte u. U. bei Verkürzung der Lebensdauer der Anlagen die Wachstumsrate auch steigen. — Im Fall c) ist das Ergebnis wieder einsichtig: die Erhöhung der Produktionskoeffizienten (zur Verbesserung der Produkte) mindert ceteris paribus die Profite und senkt die Sparquote.

[7] Neben *Schumpeter* auch *Kalecki,* Theory of Economic Behavior, 1954, S. 158 f; J. *Robinson,* The Accumulation of Capital, 1956, S. 260 ff.

Akzelerator ändern, um die Übereinstimmung sowohl von I und S als auch die Vollauslastung der Kapazitäten zu ermöglichen[8].

Doch ist die gewohnheitsmäßig praktizierte Zuordnung der Produktneuerungen zu den autonomen Investitionen im Grunde willkürlich. Alle daraus abgeleiteten Folgerungen sind es auch. Wenn man unter autonomen Investitionen solche versteht, die zu ihrer Einführung keines vorhergehenden oder erwarteten Einkommenswachstums bedürfen — sich also auch bei konstantem Einkommen rechtfertigen —, so müssen viele Produktneuerungsinvestitionen als induziert angesehen werden. Angesichts der geringen Einkommenselastizität der Nachfrage nach vielen Gütern (je mehr man durch Gütergruppen hindurchsieht und wirklich die Güter selbst erfaßt, umso niedriger sind die Einkommenselastizitäten) ist es den Unternehmungen klar, daß ein steigendes Einkommen auch neue Produkte erfordert oder — besser — den Absatz neuer Produkte möglich macht. Wenigstens in einem gewissen Umfang sind neben die Erweiterungsinvestitionen für unveränderte Produkte in einer wachsenden Wirtschaft auch Erweiterungsinvestitionen für eine veränderte Güterstruktur zu stellen. In der wirklich langen Frist gibt es schließlich überhaupt keine reinen Erweiterungsinvestitionen, die nur der Erhöhung der mengenmäßigen Kapazität dienen. Hier wird es vollends ausgeschlossen, den Wirkungen von isolierten Produktneuerungen über Investitionen von unterschiedlichem Typ nachzugehen.

Demgegenüber scheint gerade in der sehr langen Frist der andere Weg — über die Konsumfunktion — gangbarer. Verschiedentlich ist die Veränderlichkeit der Konsumgüterstruktur zur Erklärung der langfristigen Konstanz der Konsumquote herangezogen worden. Duesenberry schätzt den Einfluß neuer Produkte als Erklärende der Veränderungen des Basiskonsums der kurzfristigen Konsumfunktionen allerdings recht gering ein[9]. Doch kann man sich seine eigene Erklärung für die Konstanz der Konsumquote — die Dependenztheorie[10] — nicht ohne einen ständigen Strom neuer Produkte vorstellen. Bei einer allgemeinen Einkommenssteigerung bliebe, angesichts einer relativ geringen Einkommenselastizität der Nachfrage nach Gütern eines konstanten Warenkorbes, den Konsumenten der jeweils oberen Statusklassen keine Chance, sich demonstrativ von den folgenden Gruppen abzusetzen. Es ist die Eröffnung weiterer Ausgabemöglichkeiten, die es verhindert, daß die Sparquote mit steigendem Einkommen in der Zeit wächst. Hierfür

---

[8] Siehe *Hamberg-Schultze*, Autonomous Versus Induced Investment, The Interrelation of Parameters in Growth Models, Economic Journal 71 (1961) S. 53 ff.

[9] J. S. *Duesenberry*, Innovation and Growth, American Economic Review 46 (1956) Papers and Proceedings S. 134—141. Ihm widerspricht am gleichen Ort I. *Friend*, S. 149—151.

[10] J. S. *Duesenberry*, Income, Saving, and the Theory of Consumer Behavior, Cambridge 1952.

ist die „Schichtenwanderung“ der Konsumgüter vom Luxus- zum Massenkonsumgut ein gewisser Beweis. Falls nicht die Güter selbst diese Schichtenwanderung durchmachen, können es doch Konsumgewohnheiten sein, welche eine ähnliche Wirkung haben, z. B. die Gewohnheit, der Kleider- oder Schuhmode zu folgen. Sie war ursprünglich Privileg der Oberschicht und ist auf dem Wege, eine Massengewohnheit zu werden. Damit ist Veränderlichkeit der Güter zum erwünschten Ziel geworden. Zwar kann im Augenblick noch nicht angegeben werden, in welchem Umfang neue Produkte für die Konstanz der Konsumquote verantwortlich zu machen sind, doch ist nicht von vornherein auszuschließen, daß sie es tun.

Die Veränderlichkeit der Konsumgüterstruktur beeinflußt aber nicht nur die Aufteilung des Einkommens auf Sparen und Konsum. Die Haushalte entscheiden sich ja auch darüber, in welchem Umfang sie Einkommen beziehen wollen (um zu konsumieren oder zu sparen) oder mehr Freizeit vorziehen. Es ist naheliegend, auch für diese Entscheidung einen Einfluß der Veränderlichkeit der Konsumgüterstruktur anzunehmen. Wiewohl der Gedanke wiederholt in der Geschichte der Theorie anklingt[11], hat ihn doch erst J. J. Spengler in eine Form gebracht, die den nachfolgenden Erörterungen zugrunde liegt[12].

II

1. Es wird davon ausgegangen, daß das Arbeitsangebot weder konstant bleibt noch sich naturnotwendig mit der gleichen Rate wie die Bevölkerung verändert. Es ist kein Datum für den Wirtschaftswissenschaftler. Im Gegenteil. Jevons und andere Grenznutzentheoretiker hätten dies sehr erstaunlich gefunden, gingen sie doch davon aus, daß bei steigendem Reallohn das Arbeitsangebot zurückgehen sollte, weil der Grenznutzen im Vergleich zum Grenzleid der Arbeitsstunde bei Vermehrung des Einkommens sinkt.

Mit Robbins und Douglas[13] kann man den Sachverhalt unter Zuhilfenahme des Konzepts der „Elastizität der Nachfrage nach Einkommen ausgedrückt in Arbeitsanstrengungen“ erläutern. Im Koordinatensystem der Abbildung 1 bezeichnet X auf der Abszisse die Summe des Realeinkommens, $\frac{A}{X}$ auf der Ordinate die Zahl der Arbeitsstunden je Einheit des Realeinkommens. $\frac{X}{A}$ ist der Reallohn für die Arbeitsstunde. NN ist eine

[11] E. *Lederer*, Technical Progress and Unemployment, ILO-Study No. 22, Genf 1938.

[12] J. J. *Spengler*, Product-Adding Versus Product-Replacing Innovations, Kyklos 10 (1957) S. 249—280.

[13] L. *Robbins*, On the Elasticity of Demand for Income in Terms of Effort, Economica 10 (1930); P. H. *Douglas*, The Theory of Wages, New York 1934.

Nachfragekurve nach Einkommen und zugleich eine Arbeitsangebotskurve. Sie drückt aus, wie groß die gewünschten Realeinkommen bei gegebenen Reallöhnen sind. Die Nachfrageelastizität nach Einkommen ist

$$E_d = \frac{dX}{d\left(\frac{A}{X}\right)} \frac{\frac{A}{X}}{X}$$

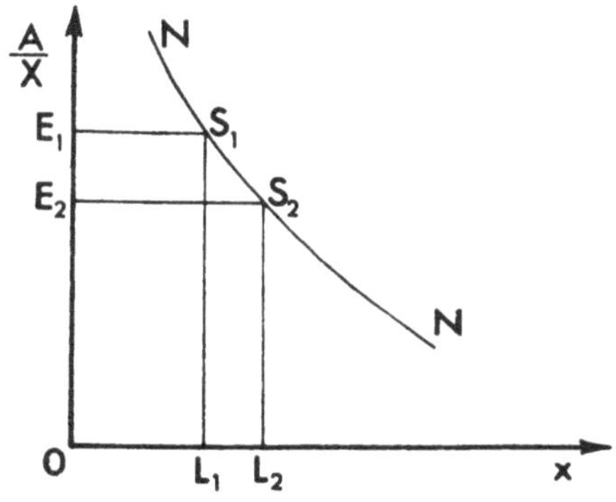

Abbildung 1

Die Rechtecke $OE_1S_1L_1$ und $OE_2S_2L_2$ geben angebotene Arbeitsmengen als Funktionen der Reallöhne an. Unterstellt man nun, daß verfahrenstechnischer Fortschritt zur Minderung der durchschnittlichen Arbeitsanstrengung je Realeinkommenseinheit führt, so gibt die Nachfragekurve darüber Auskunft, in welchem Verhältnis die Arbeitenden den *möglichen* Einkommenszuwachs auf tatsächliches Mehreinkommen und eine Veränderung der Arbeitszeit aufteilen. Ist $|E_d| = 1$, so bleibt die Arbeitsmenge konstant und alle Reallohnsteigerung wird zur Vermehrung des Einkommens verwendet. Ist $|E_d| < 1$, so benutzen die Haushalte Teile des technischen Fortschritts zum Bezug von mehr Gütern, Teile zur Verminderung der Arbeitsmenge. Douglas hat ermittelt, daß diese Elastizität der Einkommensnachfrage jeweils in der kurzen Frist und für bestimmte Gruppen von Arbeiterhaushalten kleiner ist als 1, z. T. sogar beträchtlich.

Wenn es erlaubt ist, eine solche Aussage von der Mikroebene auf eine Wirtschaft insgesamt zu übertragen und den Extremfall zu suchen, so läge er zweifellos darin, daß aller verfahrenstechnischer Fortschritt nur noch dazu benützt wird, die Arbeitszeit zu senken und die Zahl der Arbeitenden je Haushalt zu vermindern. Wiewohl in einem solchen Fall die Arbeitsproduktivität weiterhin steigt, erhöht sich nicht mehr das Realeinkommen je Kopf, das Wirtschaftswachstum hätte ein Ende (sofern man nicht den Nutzen der vermehrten Freizeit in den Güterkorb einrechnet).

Das ist nun in Europa und Amerika nicht geschehen. Immerhin wird aus Entwicklungsländern berichtet, daß es sich dort etwa so verhalte, und auch im vorindustriellen Europa kann diese Einstellung nicht gar so selten gewesen sein. Mag nun aber in den hochindustrialisierten Ländern ein solches Verhalten und damit das Problem, ausreichend Arbeitsangebot zu erhalten, nicht aufgetaucht sein, so ist diese Tatsache alles andere als selbstverständlich. Bei genauerem Zusehen entdeckt man auch in den hochindustrialisierten Ländern gewisse Unterschiede. In der zweiten Hälfte des 19. Jahrhunderts und noch zu Beginn des 20. Jahrhunderts war die Senkung der durchschnittlichen Jahresarbeitszeit eine beachtliche Alternative zum Einkommensmehrbezug. Die Arbeitszeit sank in Deutschland von 1870 bis zum ersten Weltkrieg um etwa 25 %. In anderen Ländern ist ähnliches zu beobachten. Es scheint nun aber seither nicht nur im mehrfach durch Kriege und andere Katastrophen verwüsteten Deutschland, sondern auch anderwärts eine gewisse Verlangsamung im Prozeß der Substitution von Mehreinkommen und Freizeit eingetreten zu sein. Jedenfalls behauptet dies Spengler, und er wird neuerdings darin von V. Stoikov unterstützt[14].

Da gerade um 1900 und seither anhaltend viele neue Güter ins Leben traten und daraus besondere Konsumgewohnheiten erwuchsen, liegt es nahe, hier einen Zusammenhang zu suchen. Die Elastizität der Nachfrage nach Einkommen ist ja kein Datum, vielmehr eine Funktion des Grenznutzens des Einkommens, der sich aus den Verwendungsmöglichkeiten ergibt. Die neuen Konsumgüter haben den Grenznutzen des Einkommens im Zeitablauf tendenziell stark angehoben. Die durchschnittliche Arbeitszeit blieb zwar nicht vollkommen konstant, aber sie verminderte sich doch so wenig weiter, daß man sagen kann, die Elastizität der Nachfrage nach Einkommen habe nahe bei 1 gelegen.

Man könnte nun eine „langfristige Nachfragefunktion nach Einkommen“ konzipieren, ähnlich wie von einer langfristigen Konsumfunktion die Rede ist. Ich ziehe es vor, hierauf zu verzichten, weil es eine solche Funktion als Verhaltensfunktion sicherlich genauso wenig gibt, wie die besagte langfristige Konsumfunktion. Die beobachteten Punkte einer Hyperbel sind wohl eher zu denken als Punkte auf jeweils kurzfristigen Einkommensnachfragekurven geringerer Elastizität, die aber im Zeitablauf verschoben worden sind und möglicherweise auch in Zukunft verschiebbar sind.

Diese jeweils für einen Zeitpunkt (definiert durch die zugeordnete Höhe des Reallohns) bestimmten Nachfragekurven gelten für bestimmte

[14] V. *Stoikov*, A Note on Product-Adding Versus Product-Replacing Innovations, Kyklos 15 (1963) S. 138 ff.

unveränderliche Präferenzen, also gegebene Güterstruktur. Die Kurven sind verschiebbar, weil es in der Hand der Unternehmer liegt, die Präferenzen zu verändern. Abb. 2 zeigt Ähnlichkeit mit den mikroökono-

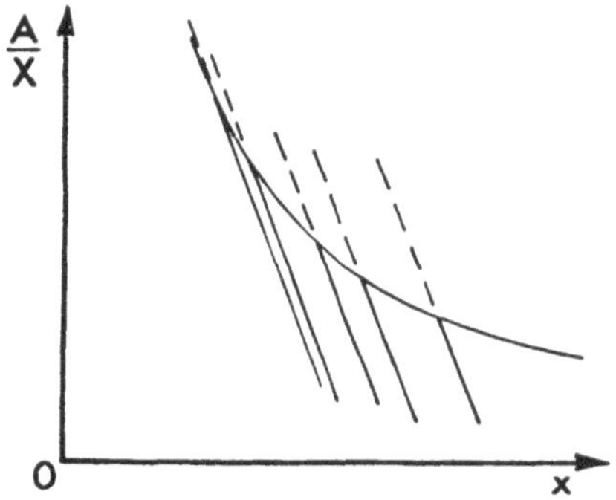

Abbildung 2

mischen Modellen der Verschiebung von monopolistischen Preis-Absatzfunktionen durch Werbung und Qualitätssteigerung. Selbstverständlich haben die Unternehmer ein Interesse an dieser Verschiebung der Nachfragefunktion. Wie der monopolistische Anbieter, der für sein Produkt Reklame macht, haben sie aber auch Mittel hierzu. Mit der Produktinnovation wird nämlich noch etwas anderes als das neue Produkt hervorgebracht: das Wissen von diesem Produkt und zugleich das Bedürfnis nach diesem Produkt. Bedürfnisse bestehen ja nicht abstrakt und unveränderlich, sie sind vielfach formbar. Die wichtigste Bedingung für ihre konkrete Formulierung ist die Existenz eines Befriedigungsmittels, eines Gutes.

Abb. 3 zeigt diesen Sachverhalt in einer anderen Darstellungsweise. Im Koordinatensystem sind auf der Ordinate die Realeinkommen je Kopf der arbeitsfähigen Bevölkerung und auf der Abszisse die Freizeitmengen je Kopf der arbeitsfähigen Bevölkerung abgetragen. OB bezeichne das Existenzminimum, OA_{max} die maximale Freizeitmenge = minimale Arbeitsmenge. Eingetragen sind in das Koordinatensystem drei verschiedene Transformationsfunktionen und drei Indifferenzkurven. P, P^1 und P^2 seien die Berührungspunkte von Indifferenz- und Transformationskurven. Die Kurve p^1p^2 gebe den Expansionspfad an, welcher anzeigt, welche Güter- und Freizeitmengenkombinationen bei veränderlicher Technik ceteris paribus gewünscht werden. PM bezeichnet eine Gütermenge, MA_{max} die dazugehörige Arbeitsmenge, so daß $tg\alpha$ die Produktivität = Reallohn bezeichnet.

In Abb. 3 führt technischer Fortschritt sowohl zu einer Mehrnachfrage nach Einkommen wie zu vermehrter Freizeit. Will man illustrieren, warum es im Zeitablauf zu einem Abstoppen in der Bewegung auf eine Vermehrung der Freizeit hin kam, so muß eine Verlagerung der Indifferenzkurven, eine Veränderung des Präferenzfeldes unterstellt werden, derzufolge in jedem einzelnen Punkt des Präferenzfeldes die Grenzrate der Substitution von Einkommen durch Freizeit unter dem Eindruck des Neuangebots von Gütern kleiner geworden ist. In Punkt P^3 ist eine derartige Veränderung der Grenzrate der Substitution angezeigt.

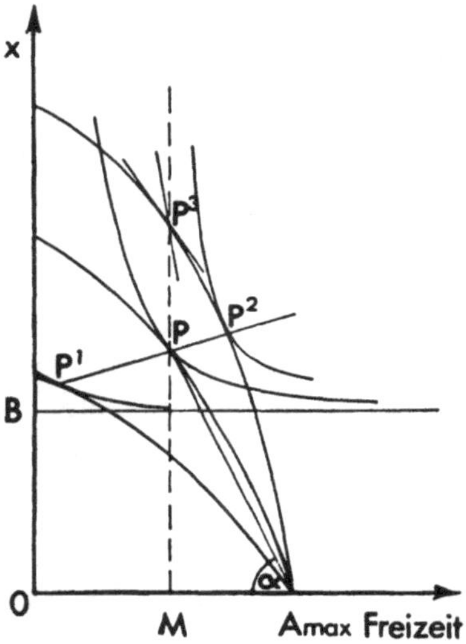

Abbildung 3

Man kann nun mit Recht einwenden, daß dieses Ergebnis selbstverständlich schon in der Wahl der Prämissen, insbesondere der Gestalt der Transformations- und der Indifferenzkurven beschlossen lag. Das ist richtig. Doch scheinen die hier unterlegten Prämissen vernünftiger als andere. Beispielsweise besteht theoretisch durchaus die Möglichkeit, daß der Expansionspfad auch bei unveränderlichem Präferenzenfeld und gegebenem technischen Fortschritt eine Parallele zur Ordinate ist, somit die Arbeitsmengen konstant bleiben. Jedoch setzt man damit voraus, daß ceteris paribus die Einkommensnachfrager mit steigender Güterversorgung die Gütermenge relativ zur Freizeit immer höher einschätzen. Auf diesem Expansionspfad sinkt nämlich die Grenzrate der Substitution von Gütern durch Freizeit, was doch eine sehr merkwürdige Präferenzenstruktur ist.

Das tatsächliche Ergebnis hängt offenbar von der Gestalt der Transformationskurven und dem Charakter des technischen Fortschritts ab, gleichermaßen von der Lage der Indifferenzkurven und ihrer Veränderung. Es soll hier nicht in die Kasuistik eingetreten werden, um sämtliche möglichen Fälle zu klassifizieren. Theoretisch sind Punkte in den Feldern I, II und III der Abbildung 4 denkbar. Wenn Güter und Freizeit limitational komplementär sind, bleibt nur Feld II möglich. Doch ist dieser Fall wohl ohnedies als unrealistisch auszuschließen. Eine gewisse Komplementarität kann allerdings als gegeben angenommen werden. Feld III dürfte schließlich aber auch bei Annahme der Substituierbarkeit von Gütermengen und Freizeit ausscheiden. Daß bei einer möglichen Produktivitätssteigerung weniger Güter als zuvor nachgefragt werden bei zugleich erheblich gesteigerter Freizeit, ist wohl unwahrscheinlich.

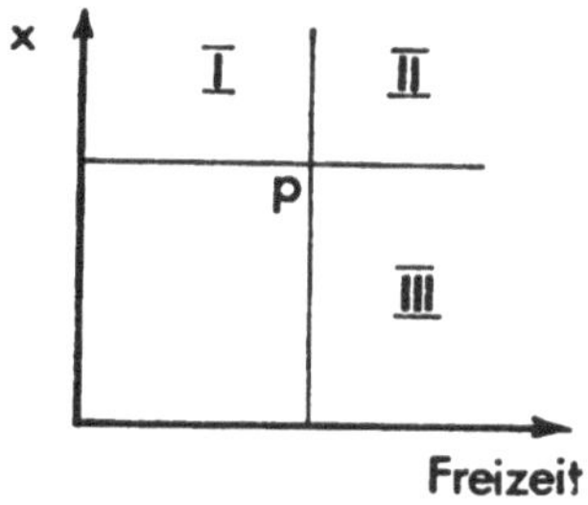

Abbildung 4

2. Kehren wir zurück zur Abbildung 2. Es wurde behauptet, daß es den Unternehmern möglich gewesen sei, durch eine spezifische Art des technischen Fortschritts — die Einführung neuer Produkte und neuer Konsumgewohnheiten — die Nachfrage nach den Diensten des Kapitals aufrecht zu erhalten und daß es ihnen damit zugleich gelang, einer möglicherweise eintretenden Minderung des Arbeitsangebots entgegenzuwirken. Wie kam es aber nun gerade dahin, daß der freiwillige Freisetzungseffekt des technischen Fortschritts offenbar annähernd kompensiert wurde durch den Wunsch nach mehr Einkommen?

Ein Zuwenig an Anreizen muß doch durchaus im Bereich des Möglichen gelegen haben? Beim Staatskonsum kann man diese Möglichkeit sicherlich schnell ausschließen. Der technische Fortschritt wirkt — zumindest im Sektor der Bewaffnung — unbegrenzt expansiv. Anderes ist beim privaten Konsum denkbar. Arbeitsangebot und Einkommensnachfrage könnten zurückbleiben (siehe Abb. 5 a). Demgegenüber kann man sich nicht vorstellen, daß es eine Menge von Anreizen gegeben hätte, die die Arbeitsmenge sogar zu erhöhen imstande gewesen wäre. Die Arbeitsmenge ist in hochindustrialisierten Gesellschaften langfristig nur nach unten variabel. Ein einmal erreichter Stand wird freiwillig nicht mehr rückgängig gemacht. Übersteigen die von der Güterstruktur ausgehenden Anreizwirkungen die Arbeitsmengengrenze (in Abb. 5 b dargestellt durch ein Hyperbelsegment), so sind nur Punkte auf der Hyperbel mit der Elastizität der Einkommensnachfrage von 1 realisierbar.

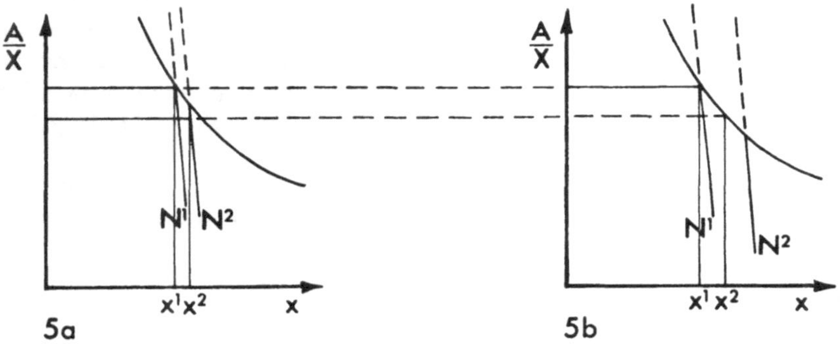

Abbildung 5a Abbildung 5b

Ist das aber so, dann bedarf es zur langfristigen Aufrechterhaltung der Einkommensnachfrage bei annähernd konstanter Arbeitsmenge nicht einer *bestimmten* Änderungsrate der Konsumgüterstruktur, sondern nur hinreichend starker Anreize, die die kurzfristigen Einkommensnachfragekurven möglichst weit nach rechts verschieben. Ein Zuviel an Anreizwirkungen kann es nicht geben, wohl aber ein Zuwenig. Gesucht ist der Mechanismus, der das historisch beobachtete Resultat hervorbrachte.

3. Die Neuerungsaktivität wird bestimmt von den Unternehmungen. Ihr gemeinsames Interesse an der Entfaltung von Einkommensnachfrage liegt offen zutage. Das reicht jedoch zur Erklärung des unternehmerischen Verhaltens nicht aus. Handeln tun die einzelnen Unternehmungen. Es sind die Motivationen der einzelnen Unternehmungen, die hier zu erklären sind. Einzelinteresse und Gruppeninteresse könnten sich — wie im Fall des Konkurrenzmechanismus allgemein — auch in diesem Fall widersprechen. Doch ist dem faktisch nicht so.

Die Produktneuerungen sind im long run im wesentlichen Ergebnis der Wissensentwicklung. Wohl gibt es auch bei unverändertem Wissen Wandlungen der Güterstruktur, aber diese Fälle haben — bei aller Bedeutung im einzelnen — schwerlich jene großen Veränderungen hervorgerufen, die hier zu erklären sind. Die Änderungen des Wissens sind nun zwar je im einzelnen zu ihrem spezifischen Zeitpunkt ein zufälliges Ereignis, aber die Änderung des Wissens in seiner Gesamtheit ist „output" der auf diese Änderung gerichteten Aktivität. Wissen wird produziert, doch gibt es keine ex ante — Wissensproduktionsfunktion, mit deren Hilfe der optimale Faktoreinsatz kalkulierbar wäre. Wenn Unternehmer sich trotz der individuellen Unsicherheiten an die Aufgabe der Wissensproduktion machen, so nur deshalb, weil sie gezwungen sind, zu erfinden und zu innovieren.

Bemerkenswerterweise verwenden Unternehmungen seit einigen Jahrzehnten jeweils sehr viel mehr Systematik und Energie darauf, neue Produkte herauszubringen, als die Produktionsverfahren zu ververbilligen. Daß es dennoch verfahrenstechnischen Fortschritt gegeben hat, ist hierfür kein Gegenbeweis. Verfahrenstechnischer Fortschritt wird vom einzelnen Unternehmen mit dem Input gekauft. Er ist für die Erzeuger von Produktionsmitteln Fortschritt auf der Output-Seite, Produktinnovation. Auch wenn es also nur Innovationsaktivität auf der Output-Seite der Unternehmungen gäbe, wäre ein schneller verfahrenstechnischer Fortschritt der Gesamtwirtschaft möglich[15].

Warum aber sollte die Aktivität der Unternehmungen für technischen Fortschritt auf der Output-Seite größer sein als beim Input? Diese Asymmetrie ergibt sich aus den Wettbewerbsbedingungen des heterogenen Oligopols, der vorherrschenden Marktform[16].

---

[15] Daß die Kapitalgüterhersteller den Verfahrensfortschritt tragen, erklärt recht gut, warum der verfahrenstechnische Fortschritt „arbeitsparend" oder „kapitalverzehrend" gewesen ist, wie die Konstanz des Kapitalkoeffizienten es anzeigt. Sofern man zur Erklärung nur auf das Interesse der Kapitalisten hinweist, dem Kapital Nutzungsmöglichkeiten zu verschaffen, fehlt es an einer mikroökonomischen Begründung. Es wäre merkwürdig, wenn dieselben Unternehmer, die jeweils Faktorpreise hinnehmen müssen, nicht auch zur Verfügung stehende kapitalsparende Erfindungen akzeptieren sollten. Dem einzelnen Unternehmen sollte die Art und Weise, wie Kostensenkungen zustande kommen, gleichgültig sein. Wohl könnte man eine Art stillschweigendes Kartell der Unternehmungen unterstellen oder ihren Verwendungsdruck für nichtausgeschüttete Profite anführen. Doch scheint es weniger künstlich, die institutionelle Trennung von Neuerern und Investoren für die beobachtete Erscheinung mitverantwortlich zu machen. Falls es sich bestätigt, daß es vorwiegend die Erzeuger von Kapitalgütern sind, welche neue Verfahren inaugurieren, gibt es gar keinen Widerstreit in der Interessenlage der innovierenden Einzelnen und der Gesamtheit. Die Anbieter von Kapitalgütern sind selbstverständlich an kapitalverzehrenden Fortschritten interessiert, mit deren Hilfe sie ihren Output steigern. — Die jüngste Deutung der Bevorzugung kapitalverzehrenden technischen Fortschritts durch *Fellner,* Two Propositions in the Theory of Induced Innovations, Economic Journal, LXXI (1961) S. 305 ff. ist demgegenüber auch an Bedingungen geknüpft, die recht speziell sind.

[16] Die Tatsache der wachsenden Bedeutung der produktpolitischen Parameter im Verband der Strategien der Unternehmungen ist selbstverständlich schon oft hervorgehoben worden, doch gibt es nicht allzu viele Erklärungen hierfür. Eine davon ist die von W. J. *Baumol,* Business Behavior, Value, and Growth, New York 1959. Sie leitet sich ab aus der unternehmerischen Zielsetzung der Umsatzmaximierung. Wenn Unternehmungen den Umsatz zu maximieren trachten, so sind Preisherabsetzungen u. U. gefährlich, welche wohl die Absatzmenge erhöhen, den Umsatz aber mindern können. Anders bei Produktveränderungen. So plausibel diese Überlegung ist, bleibt sie doch

Produktwettbewerb ist:

a) ein Wettbewerb ohne genau begrenzte Zahl der Konkurrenten, allgemeiner: ohne eindeutig definierte Wettbewerbsbeziehungen oder Märkte;

b) ein Wettbewerb ohne eindeutige Fixierung der Zahl und der Art der Aktionsparameter;

c) ein Wettbewerb ohne bestimmte Reaktionszeit der Wettbewerber.

In den meisten preistheoretischen Oligopolmodellen bezeichnen die Antworten auf die Frage: *wer* spielt mit, wie spielt er mit (Preisänderungen) und *wann* reagiert er (entweder sofort oder nach einem wohldefinierten lag) die gegebenen Rahmenbedingungen des Spiels. Sofern man sie bei Produktwettbewerb nicht aufhebt und nur statt des Preises einen beliebigen Produktparameter als Variable wählt, ergibt sich — wie Brems gezeigt hat[17] — praktisch kein Unterschied zwischen einem Modell mit Preis- und einem mit Produktwettbewerb. Es ist dann nicht zu sehen, warum Unternehmungen den Produktwettbewerb dem Preiswettbewerb vorziehen sollten. Gerade weil die drei Rahmenbedingungen des Spiels in der Realität nicht gegeben sind, hat die Produktinnovation größere Chancen als die Verfahrensinnovation, die — stünde sie allein — nur den Preiswettbewerb förderte und bei Oligopolisten aus verschiedensten Gründen ohnehin nur einen begrenzten Spielraum der Aktivität läßt[18].

Zu a): Wenn es nicht sicher ist, *wer* an einem heterogenen Markt und mit welcher Intensität zum Kreis der Wettbewerber gehört, ist die Wahl produktpolitischer Parameter günstig. Wiederholte Preisänderungen treffen ja immer genau erkennbare Rivalen und sind gefährlich. Produktänderungen sind mit Standortänderungen vergleichbar.

Für den spezifischen Marktsektor handelt es sich um Eintritt oder Austritt von Wettbewerbern. Es ist also im großen Umfang nicht die aktuelle Konkurrenzbeziehung interessant sondern mehr die potentielle Konkurrenzbeziehung. Angesichts der Unsicherheit der Standortbestimmung, von der eingangs gesprochen wurde, ist das Konkurrenzfeld nicht

---

m. E. vor dem letzten Schritt stehen. Wie kommt es zur Zielsetzung der Umsatzmaximierung? Sie kann doch kein Datum der Analyse sein. Unternehmungen können nicht beliebige Zielsetzungen wählen, wenn nicht die institutionellen Bedingungen, unter denen sie leben, ein Überleben bei der gewählten Zielsetzung versprechen. Somit kommt es auf die institutionellen Bedingungen an, welche zugleich die Umsatzmaximierungsthese wie die Produktneuerungsintensität erklären.

17 H. *Brems*, Product Equilibrium Under Monopolistic Competition, Cambridge 1951.

18 Dies zumal dann, wenn alle Oligopolisten dadurch, daß sie die Produktionsmittel kaufen, den gleichen Zugang zu den Verfahren haben.

transparent. Produktänderungen haben deshalb die Chance, anders als Preissenkungen nicht als Angriffe interpretiert zu werden. Oft genug wissen traditionelle Nachbarn nicht einmal, ob ihnen der Wettbewerber mit einer Änderung näher oder ferner rückt und ob die Nachfrage beweglich ist. Rückt der Wettbewerber einem Konkurrenten näher, so entfernt er sich doch zugleich von einem anderen und damit erhöht sich die Chance, daß wenigstens dieser nicht reagiert.

Zu b): Nachdem schon die wettbewerbliche Bedeutung der ersten Aktion in der Regel unsicher ist, ist es bei Produktpolitik auch nicht sicher, *wie* Konkurrenten reagieren und ob gegebenenfalls erfolgreich oder nicht. Bei Preiswettbewerb sind die Reaktionen sicherer vorhersehbar. Bei Produktwettbewerb ist nicht selten schon die Art der Antwort gänzlich offen, ganz zu schweigen von ihrem Umfang. Auch das eröffnet für den Neuerer Chancen. Während es völlig klar ist, daß eine reaktive Preissenkung dem Angreifer einen Teil seines Erfolges nimmt, ist das bei reaktiven Produktänderungen nicht der Fall[19].

Zu c): Die Reaktionszeit ist — worauf Rasmussen, Schneider und Brems hinwiesen[20] für verschiedene Aktionsparameter sehr unterschiedlich. Nur der Preis eines Produktes ist praktisch sofort veränderlich. Er könnte unverzüglich an den Preis eines Konkurrenten angepaßt werden (Liquidität vorausgesetzt). Neue Produkte benötigen demgegenüber zum Teil sehr beträchtliche Zeit von der ersten Gestaltungsidee bis zur Absatzreife. Man *kann* also nicht beliebig schnell handeln. Vielfach will man es auch nicht, weil erst verzögert erkennbar ist, daß ein neues Produkt wirklich eine Bedrohung ist, die Nachfrage fühlbar beweglich ist[21]. Deshalb gibt es bei Produktwettbewerb selten den Zug-um-Zug-Wettbewerb, der den Preiswettbewerb noch kennzeichnet. Die Länge der Reaktionszeit im Produktwettbewerb verhindert es im allgemeinen, daß jeweils erkennbar ist, *wer* angreift und wer sich verteidigt. Sie verhindert aber auch, daß Anbieter Pläne und Ergebnisse ihres Tuns ungestört miteinander vergleichen können, um daraus Folgerungen für die Revision ihrer Pläne in der Zukunft zu ziehen — und die

---

19 W. *Krelle*, Preistheorie, 1961, S. 327 spricht von „Normalreaktionen" der Art nach: auf Reklamemaßnahmen werde nur mit Reklame geantwortet, auf Produktvariation mit Reklame und Produktvariation usw. Siehe dort auch den Begriff der Reaktionstabelle.

20 A. *Rasmussen*, Pristeori eller parameterteori, studier omkring virksomhedens afsaetning, København 1955; E. *Schneider*, Preistheorie oder Parametertheorie? Bemerkungen zu dem gleichnamigen Buch von Arne Rasmussen, Weltwirtschaftliches Archiv 76 (1956 I), S. 1* ff.; H. *Brems*, Response Lags and Nonprice Competition with Special Reference to the Automobil Industry; In: Expectations, Uncertainty and Business Behavior, hrsg. v. M. J. *Bowman*, New York 1958, S. 134—143.

21 Zum Begriff der fühlbaren Beweglichkeit der Nachfrage W. *Krelle*, Preistheorie, 1961, S. 8 ff. und 12 f.

Anbieter können wegen der Unwiederholbarkeit der einzelnen Produktinnovationen kaum etwas über die zukünftigen Reaktionen der Konkurrenten aus dem Verhalten in der Vergangenheit lernen (konjekturale Reaktionskoeffizienten bestimmen). Da der Produktwettbewerb größere Anpassungsverzögerungen zeigt als der Preiswettbewerb, eröffnet er die Chance temporärer Monopole, zugleich aber mindert er die Sicherheit der handelnden Unternehmungen, aus Differenzen zwischen Erwartungen und Ereignissen die richtigen Folgerungen zu ziehen. So haben sie fortgesetzt Anlaß, ihre Pläne zu revidieren.

Aus der notwendig vorhandenen Verzögerung der Anpassung folgt im Zusammenhang mit den anderen genannten Bedingungen die Neuerungsaktivität der Oligopolisten. Der mögliche Vorsprung ist das Zuckerbrot. Da es aber mit allen möglichen Risiken behaftet ist, könnte es vielleicht als Anreiz für Neuerungen nicht ausreichen. Hier hilft die Peitsche der Gefahr nach, die alle bedroht, die als Nachfolgende zu spät kommen. Das Warten wird bestraft. Ein Patent wird nur einmal erteilt, ein goodwill ist Konkurrenten nur schwerer zu nehmen, als er selbst aufgebaut wird, eine neue Marke kann nur mit größeren Mitteln bekämpft werden, wenn sie sich eingeführt hat. Wenn es ferner zutrifft, daß Unternehmungen kaum mit niedrigeren Preisen wohl aber mit neuen Produkten und der Vorstellung, die technisch Ersten ihrer Gruppe zu sein, Abnehmer binden, so resultiert eben auch hieraus die Neigung, sich speziell der Neuerung zu widmen.

Zusammengefaßt: Im Preiswettbewerb ist es für den Oligopolisten gefährlich vorauszugehen, also den Preis zu senken. Im Produktwettbewerb ist es gefährlich, *nicht* vorauszugehen. Im Preiswettbewerb ist es wiederum nicht gefährlich zu warten, was andere tun, weil jedes Unternehmen kaum zu spät kommen kann. Im Produktwettbewerb ist es hingegen gefährlich abzuwarten, was andere tun, weil in der Regel die Nachfolge nur unter erschwerten Bedingungen möglich ist.

Somit besteht für die Unternehmungen ein Neuerungsdruck. Ihr Interesse zu neuern stimmt mit dem Allgemeininteresse der Gesamtheit der Unternehmungen an der Erhaltung einer hohen Veränderungsrate der Konsumgüterstruktur überein. Die Unternehmungen geben sich dem Neuerungsdruck um so lieber hin, als sie ihn objektivieren. Man äußert sich dahingehend, daß es notwendig sei, „mit dem technischen Fortschritt Schritt zu halten" oder „mit der Mode zu gehen" und welche Argumente noch vorgebracht werden. Von Wettbewerb ist selten die Rede — es fehlt dem Produktwettbewerb der Stachel des Unanständigen, des Persönlichen. Auch das erklärt seine allgemeine Wertschätzung in den Unternehmungen.

4. Die Änderungsrate der Güterstruktur ist also in gewisser Weise eine abhängige Variable ökonomischer Größen, speziell der Institute, die die Marktform konstituieren und den Wettbewerbsgrad bestimmen. Der Wettbewerbsgrad ist selbst aber keine eindeutig institutionell bestimmte Größe. Er ändert sich beispielsweise im Konjunkturverlauf. Wenn gezeigt werden kann, daß die Unternehmungen im Konjunkturverlauf ein spezifisches Neuerungsverhalten an den Tag legen, so wäre damit ein weiterer Beweis für die Endogenisierung des produkttechnischen Fortschritts gegeben. Ein dahingehender Versuch liegt aus den USA vor[22]. Die Werkzeugmaschinenindustrie (für die Konsumgüterindustrie gibt es noch keine genaueren Untersuchungen) brachte ihre Neuerungen heraus, wenn die Wachstumsrate der Nachfrage nachließ. Sie sammelte zuvor einen „Wissensbestand" an und setzte ihn bewußt konterzyklisch ein. In den vorhergehenden Zeiten der Vollauslastung der Kapazitäten war die Wettbewerbsintensität gering — entsprechend der Druck, mit Innovationen an den Markt zu gehen, entsprechend die Neuerungsrate. Die Wettbewerbsintensität ist ja keine Funktion der Marktmorphologie allein. Sie ergibt sich aus dem Verhältnis von Nachfrageentwicklung und Kapazitätsentwicklung. Im Aufschwung und bei anhaltend hoher Nachfrage sind die Kapazitäten eher ausgenützt und somit sind schnelle Änderungen der Marktstellung von Konkurrenten relativ unwahrscheinlich. Wirkungsvolle Angriffe anderer sind nicht zu fürchten, im Gegenteil: man kann die Preise erhöhen. In gleicher Weise ist es ungefährlicher, einen „lag" zwischen Erfindung und Neuerung einzulegen. Umgekehrt bei nachlassender Zuwachsrate der Nachfrage: da nun, wie beschrieben, die Preisherabsetzung eine problematische Alternative ist, werden zur Steigerung der Nachfrage die neuen Produkte an den Markt gebracht.

Ließe sich diese Beobachtung verallgemeinern, so wäre die Tatsache, daß es in den letzten Jahrzehnten relativ selten Preissenkungen gab, zu einem Teil zu erklären aus der Asymmetrie der Anbieterreaktionen: Allgemeinen Nachfragesteigerungen, die über die Kapazität hinausgehen, wurde mit Preissteigerungen gefolgt — bei relativer Konstanz der Güterstruktur (?) —, allgemeinen Verminderungen der Zuwachsraten der Nachfrage oder gar Nachfragerückgängen soweit möglich mit neuen Produkten. Wäre es tatsächlich so gewesen, dann wäre die „säkulare Inflation" zu einem Teil eine optische Täuschung.

5. Damit schließt sich der Kreis. Es ist selbstverständlich kein Beweis im strengen Sinne dafür geführt worden, daß die Änderung der Konsumgüterstruktur die hohe Einkommensnachfrage aufrecht erhielt

[22] W. H. *Brown*, Innovation in the Machine Tool Industry, Quarterly Journal of Economics, 71 (1957) S. 406—425.

und daß die Motivationen der einzelnen Unternehmungen sich aus den konkreten Bedingungen des Produktwettbewerbs ergeben. Doch sollte erwiesen sein, daß diese Produktänderungen nicht nur in der mikroökonomischen Theorie Aufmerksamkeit beanspruchen können, wo sie inzwischen eingeführt sind, sondern auch dem Wachstum der Gesamtwirtschaft Richtung und Ausmaß vorschreiben.

Bevölkerungsentwicklung und Wirtschaftswachstum

Von Prof. Dr. *Wilhelm Krelle* (Bonn)

1. Problemstellung

Jede Periode in der Geschichte der Menschheit kann mit Recht als „einmalig“ bezeichnet werden. Die geschichtliche Entwicklung verläuft einsinnig, und nichts wiederholt sich. „Gleiche“ oder genauer: ähnliche Vorgänge haben in einer anderen Umwelt eine andere Bedeutung. Trotzdem kann die Periode der industriellen Revolution, in der wir leben, in einem ganz besonderen Sinn als einmalig bezeichnet werden, da sie die Lebensumstände der Mehrzahl der Menschen in einer Weise revolutioniert und zugleich das Sozialprodukt und die Zahl der Menschen in einer Weise vermehrt hat, die ohne Beispiel in der Geschichte ist. Als Indiz hierfür genügt es, die zahlenmäßige Entwicklung der Menschheit in den letzten achttausend Jahren darzustellen, wie sie jetzt geschätzt wird[1] *(Abb. 1)*.

Bedenkt man, daß es etwa 1 Mill. Jahre bedurft hat, um die Menschheit von einer „Urhorde“ von vielleicht 30 000 Australopithecinen zum homo sapiens umzuwandeln und zugleich auf etwa 60 Millionen im Jahre 2000 vor Christus zu vermehren, so hat man erst die richtige Perspektive. Kein Wunder, daß die Frage: wie ist es so gekommen, und: wie wird es weitergehen? sich aufdrängt. Denn sicher kann das Bevölkerungswachstum in dieser Weise, nämlich mit einer jährlichen Wachstumsrate von etwa 1,5 %, nicht lange fortgesetzt werden. Man rechnet leicht aus, daß sonst in 780 Jahren die ganze Erdoberfläche dicht an dicht von Menschen bestanden ist. Längst vorher würde allerdings das biologische Gleichgewicht durch Kriege wiederhergestellt sein — bei der Existenz der Atombombe (und auch sonst) eine apokalyptische Perspektive. Kann man erwarten, daß die Bevölkerung “von allein“ ein konstantes Niveau asymptotisch erreicht und nicht überschreitet? Wie wird sich der Lebensstandard dabei entwickeln? Wie wird die Investition und damit die Kapitalakkumulation sich am Ende einstellen? Welche Bedeutung hat

---

[1] Zahlen nach W. *Fucks*, Über die Zahl der Menschen, die bisher gelebt haben, Zeitschr. f. d. Ges. Staatsw. 107. Bd. (1951) S. 440—450, und nach United Nations, The Future Growth of World Population, New York 1958, S. 23.

der technische Fortschritt hierbei? Das sind die Probleme, die im folgenden auf der Basis der ökonomischen Theorie untersucht werden sollen.

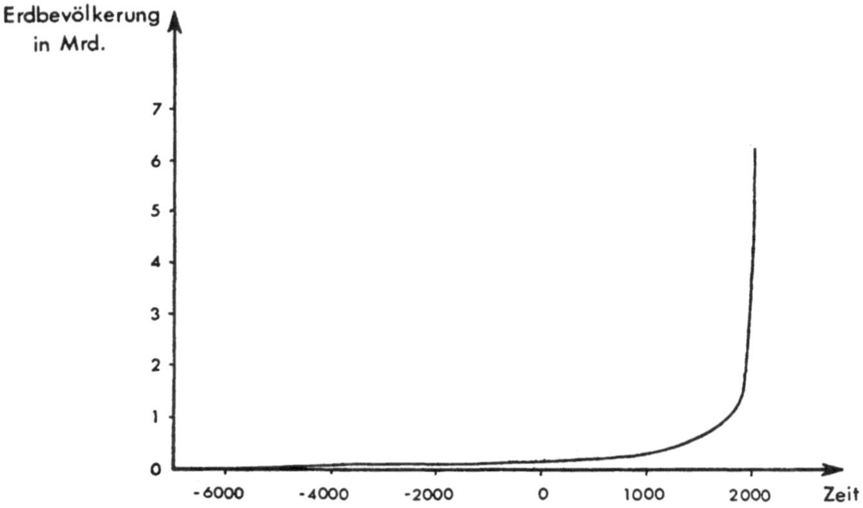

Abbildung 1

2. Bisherige Behandlungen des Problems

Die Frage des Zusammenhangs von Bevölkerungswachstum und Lebensstandard ist zuerst von *Malthus* untersucht worden[2]. Er stellte die Behauptung auf, daß die Bevölkerung wächst, sobald das Realeinkommen pro Kopf das Existenzminimum übersteigt, und zwar stärker, als sich das Realeinkommen (bei Malthus: die Nahrungsmittelproduktion) ausdehnen kann. Das Ergebnis ist ein ständiges „Pressen der Bevölkerung gegen die Subsistenzmittel", also eine Bevölkerungsvermehrung ohne Verbesserung des Lebensstandards. *Ricardo*[3] hat diese Idee übernommen und in sein System eingebaut. Er kommt so zu dem Ergebnis, daß dann auch die wirtschaftliche Entwicklung am Ende aufhören und in einen stationären Zustand einmünden müsse, bei dem die Arbeiter auf dem Existenzminimum leben, die Unternehmer gerade soviel gewinnen, daß sie den Kapitalbestand aufrecht erhalten und der ganze Überschuß an Sozialprodukt den Grundbesitzern zufällt. Die übrigen Klassiker folgen etwa dieser Linie, auch *Marx*, der sie sogar noch zur Zusammenbruchsthese verschärft. Er behauptet dann allerdings, daß diese Ge-

---

[2] *Malthus*, An Essay on the Principle of Population as it effects the Future Improvement of Society, London 1798.

[3] *Ricardo*, On the Principles of Political Economy and Taxation, London 1817.

setzmäßigkeiten im Kommunismus nicht mehr bestehen würden; wie das aber im einzelnen zustande kommen soll und welche neuen Gesetzmäßigkeiten an ihre Stelle treten würden, hütet er sich wohlweislich zu sagen.

Als die erwartete Stagnation oder der von den Marxisten prophezeite Zusammenbruch ausblieb, im Gegenteil der Lebensstandard in allen Industrienationen trotz der Bevölkerungsvermehrung laufend stieg, verloren alle diese langfristigen Theorien an Interesse. Erst neuerdings unter dem Eindruck des enormen Wachstums der nichtweißen Bevölkerungsteile und der Schwierigkeiten, deren Lebensstandard zu heben, hat man sich über die ganz langfristigen Wachstumsprobleme wieder Gedanken gemacht.

Sehr instruktive Überlegungen allein von der Bevölkerungsdynamik her, ohne Berücksichtigung der ökonomischen Theorie, stammen von *Fucks*[4]. Er bezeichnet mit m die Geburtenrate, mit n die Sterberate, mit $\varepsilon = m - n$ die Rate des Geburtenüberschusses und mit N die Bevölkerungszahl. Offensichtlich gilt dann für die Bevölkerungsentwicklung die Differentialgleichung

$$\dot{N} = \frac{dN}{dt} = \varepsilon \cdot N \, . \tag{2.1}$$

ε wird nun nicht als konstant betrachtet; vielmehr stellt Fucks die Hypothese auf, daß ε im Zuge der Industrialisierung zunächst stark steigt, aber nach einem Maximum relativ schnell wieder auf null abfällt: die Bevölkerungsweise, um mit *Mackenroth* zu sprechen, gleicht sich den neuen Lebensumständen an. Die Hypothese im einzelnen ist aus der folgenden *Abb. 2* zu entnehmen[5].

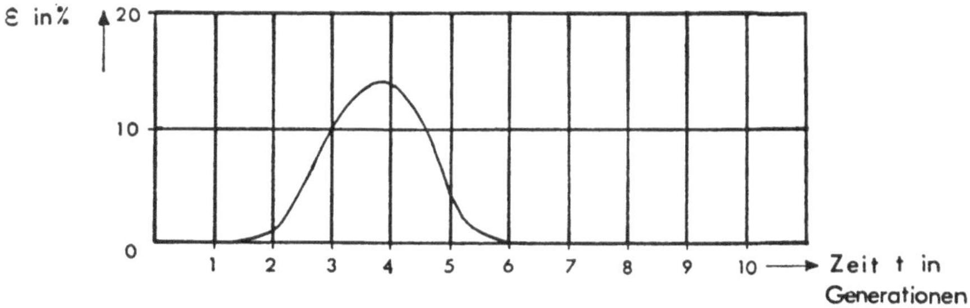

Abbildung 2

[4] *Fucks,* Die Technik und die physische Zukunft des Menschen, Studium Generale 4 (1951), S. 14—24, und:
Die Naturwissenschaft, die Technik und der Mensch, Arbeitsgemeinschaft für Forschung des Landes Nordrhein-Westfalen, Heft 8, Köln und Opladen, S. 7—34.

[5] Nach *Fucks,* Die Naturwissenschaft, die Technik u. d. Mensch, a.a.O. S. 20.

Auf dieser Basis errechnet Fucks, daß sich die Weltbevölkerung etwa im Jahre 2100 bei etwa 8 Mrd. stabilisieren wird (vgl. *Abb. 3*)[6].

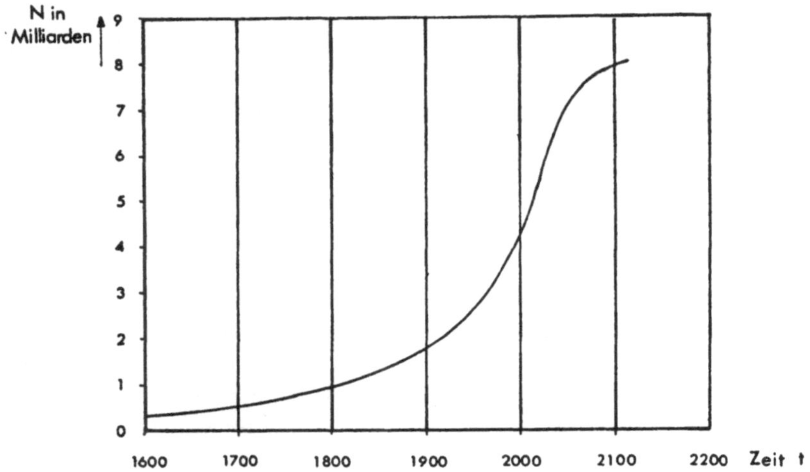

Abbildung 3

Diese Theorie hat gewiß etwas Tröstliches und scheint überdies plausibel. Sie beantwortet allerdings nicht die Frage nach der weiteren Entwicklung des Lebensstandards und läßt die ökonomischen Gesetzmäßigkeiten im Hintergrund.

Hier setzen nun die Überlegungen von *Beckmann*[7] und *Niehans*[8] ein. Obwohl der Artikel von Niehans aus der 1. Fassung der Beckmannschen Arbeit, die auf der Sitzung des Theoretischen Ausschusses vom 1.—3. Februar 1963 in Haus Ahlenberg vorgetragen wurde, herausgewachsen ist (in ähnlicher Weise wie auch dieser Artikel), soll er hier zuerst kurz skizziert werden.

Niehans setzt für das Sozialprodukt Y_t eine Produktionsfunktion vom Cobb-Douglas-Typ an:

(2.2.) $$Y_t = N_t^{\alpha} K_t^{\beta}, \qquad 0 < \alpha, \beta < 1$$

mit N_t = Bevölkerung im Zeitpunkt t,
K_t = Kapitalbestand im Zeitpunkt t.

---

[6] Nach *Fucks*, Die Naturwissenschaft, die Technik und der Mensch, a.a.O. S. 26.

[7] Siehe den vorstehenden Aufsatz: Wirtschaftliches Wachstum bei abnehmendem Skalenertrag.

[8] *Niehans*, Economic Growth with Two Endogenous Factors, Quart. J. of Ec. LXXVII (1963), S. 349—371.

In einem ersten Modell, von ihm *2-Klassen-Modell* genannt, wird die Wachstumsrate der Bevölkerung proportional der Abweichung des tatsächlichen Lohnsatzes w von einem Mindestlohnsatz w_m und die Wachstumsrate des Kapitals proportional der Abweichung der Realverzinsung des Kapitals r von einer Mindestverzinsung r_m angesetzt. Entsprechend der Grenzproduktivitätstheorie wird der tatsächliche reale Lohnsatz gleich dem Grenzprodukt der Arbeit und die Realverzinsung des Kapitals gleich dessen Grenzprodukt angenommen. Damit hat man

$$\text{(2.3)} \qquad \frac{\dot{N}}{N} = p \left(\frac{dY}{dN} - w_m\right) , \qquad p > 0$$

$$\text{(2.4)} \qquad \frac{\dot{K}}{K} = s \left(\frac{\partial Y}{\partial K} - w_m\right) , \qquad s > 0 .$$

Niehans diskutiert das System (2.2), (2.3), (2.4)[9] und findet, daß

a) bei *abnehmenden Skalenerträgen* ($\alpha + \beta < 1$) und positivem r_m und w_m die Entwicklung sich auf eine konstante Bevölkerung und eine konstante Kapitalausstattung einpendelt,

b) bei *zunehmenden Skalenerträgen* ($\alpha + \beta > 1$) Bevölkerung und Kapital entweder ständig wachsen oder ständig abnehmen,

c) bei *konstanten Skalenerträgen* ($\alpha + \beta = 1$) dasselbe wie in b) eintritt oder Bevölkerung und Kapital sich bei bestimmten Werten stabilisieren können.

Was zutrifft, hängt von der Größe von α, β, w_m, r_m, p, s und der Ausgangslage ab. Ganz langfristig wird man wohl mit abnehmenden Skalenerträgen rechnen müssen, so daß der relativ günstige Fall a) gelten würde.

In einem zweiten Ansatz, genannt *1-Klassen-Modell*, macht Niehans Bevölkerungs- und Kapitalwachstum vom Sozialprodukt pro Kopf abhängig, so daß nunmehr

$$\text{(2.3')} \qquad \frac{\dot{N}}{N} = p \left(\frac{Y}{N} - m_L\right)$$

$$\text{(2.4')} \qquad \frac{\dot{K}}{K} = s \left(\frac{Y}{N} - m_K\right) \cdot \frac{N}{K}$$

angesetzt wird. Die Diskussion dieses Systems ergibt, daß

a) *bei abnehmenden Skalenerträgen* am Ende die Bevölkerung und das Kapital entweder beide ständig wachsen, wobei aber das Sozialprodukt pro Kopf nach einem Maximum wieder zurückgeht, oder beide

[9] Das Problem der möglichen Beziehungen zwischen Bevölkerungs-, Sozialprodukts- und Kapitalwachstum ist zum erstenmal an Hand zahlreicher Modelle diskutiert von *Haavelmo*, A Study in the Theory of Economic Evolution, Amsterdam 1954. Er interessiert sich allerdings mehr für die Fälle, wo ein stationärer Endzustand erreicht wird.

ständig abnehmen oder beide sich auf einem konstanten Niveau stabilisieren,

b) *bei konstanten Skalenerträgen* fast stets ein ständiges Gleichgewichtswachstum von Bevölkerung und Kapital bei asymptotisch konstantem Pro-Kopf-Einkommen resultiert.

Das Ergebnis ist wegen der Fülle unerfreulicher Möglichkeiten, die die Lösung bietet, wenig ermutigend. Vielleicht liegt es am Ansatz? Der Ansatz vernachlässigt den technischen Fortschritt und läßt (durch das konstante w_m) den „Lern- und Angleichungsvorgang" auch im generativen Verhalten der Bevölkerung außer Acht, auf den Fucks mit Recht den Hauptakzent legt.

So versteht auch Niehans selbst seine Modelle nicht als „Abbild der Wirklichkeit", sondern als ersten Hinweis, in welcher Richtung man vorgehen könne. Und als solche haben sie einen beträchtlichen Wert.

Da *Beckmanns* Modell vorstehend abgedruckt ist, erübrigt sich ein näheres Eingehen darauf. Beckmanns Annahmen über die Gesetze der Bevölkerungsentwicklung und die Kapitalakkumulation sind die gleichen wie bei Niehans (vgl. (2.3) und (2.4)). Er betrachtet allgemeine homogene Produktionsfunktionen, nicht nur die Cobb-Douglas-Funktion, und führt den neutralen, autonomen technischen Fortschritt ein. Da nun selbst ohne technischen Fortschritt abnehmende Skalenerträge nicht hinreichend sind, um die Bevölkerung konstant zu halten, plädiert er für die Ersetzung der Produktionsfunktionen mit unbegrenzter Substitutionsmöglichkeit (wie z. B. der Cobb-Douglas-Funktion) durch solche mit begrenzter Substituierbarkeit der Faktoren und zeigt, daß dann der gewünschte Effekt eintritt.

Wir schlagen im folgenden den umgekehrten Weg ein: statt der Produktionsfunktion ändern wir die Bevölkerungsfunktion.

3. Ein neuer Ansatz

Angeregt durch die Arbeiten von Beckmann und Niehans habe ich einen Ansatz versucht, der den tatsächlich bestehenden Gesetzmäßigkeiten der Kapitalakkumulation und des Bevölkerungswachstums näher kommt. Dafür muß auf eine allgemeine Lösung des entstehenden komplizierten gemischten Differenzen-Differentialgleichungssystems verzichtet werden, und man muß sich mit einer numerischen Lösung zufrieden geben. Sie wird im folgenden Abschnitt angegeben. Hier konzentrieren wir uns auf die Erläuterung des Ansatzes.

Das Nettoprodukt Y_t wird wie bei Beckmann und Niehans mit Hilfe einer Cobb-Douglas-Produktionsfunktion mit der Bevölkerung N und dem Kapitalbestand K verknüpft. Dabei wird der technische Fortschritt ähnlich wie bei Beckmann durch Veränderung des Skalenfaktors berücksichtigt. Die Rate des technischen Fortschritts w wird allerdings nicht als konstant angenommen, sondern setzt sich aus einem Teil, der von der Kapitalausstattung pro Kopf abhängt, und aus einem anderen, absoluten Teil Θ zusammen. Dem ersten Teil wird dabei der Haupteinfluß zugeschrieben (bei der numerischen Auswertung haben wir zum Beispiel auch Lösungen für $\Theta = 0$ gerechnet). Bei diesem ersten Teil haben wir die Änderung der Rate des technischen Fortschritts proportional der Änderung der Kapitalausstattung pro Kopf angesetzt, was dem induzierten Charakter des technischen Fortschritts (induziert durch Investitionen in Erziehung, Bildung, Forschung und in der Kapitalausstattung des Arbeitsplatzes) Rechnung trägt. Damit ist

(3.1) $$Y_t = b \cdot e^{\int_0^t w_\tau d\tau} \cdot N_t^\alpha K_t^\beta$$

mit

(3.2) $$w_\tau = g \cdot \frac{(\dot{K/N})_\tau}{(K/N)_\tau} + \Theta \quad ,$$

wobei $0 < \alpha, \beta < 1$ die Koeffizienten der Cobb-Douglas-Funktion,

$b, g > 0$ Proportionalitätsfaktoren

Θ die Rate des „absoluten" technischen Fortschritts

bedeuten.

Für das *Bevölkerungswachstum* werden zwei Varianten formal gleichberechtigt nebeneinander behandelt, die aber beide auf demselben Grundgedanken beruhen. Während Beckmann und Niehans die Wachstumsrate der Bevölkerung $\frac{\dot{N}}{N}$ abhängen lassen von der Differenz des Konsums pro Kopf $\frac{C}{N}$ (oder einer Funktion davon) und einem fest vorgegebenen „Existenzminimum" pro Kopf und damit ein generatives Verhalten der Menschheit ganz wie bei Tierspezies unterstellen (nämlich: ohne „Lernen"), wird hier das „Existenzminimum" selbst als beweglich betrachtet und mit dem vor einiger Zeit erreichten Konsum pro Kopf identifiziert. Es läuft also bei steigendem Konsum pro Kopf dieser Größe immer hinterher und erreicht sie, wenn die Steigerung aufhört. Dann stoppt auch die Bevölkerungsvermehrung, weil der erreichte Lebensstandard, sei er absolut genommen noch so hoch, gerade als „Existenzminimum" aufgefaßt wird. Es sind also die Perioden *steigenden* Konsums pro Kopf, in denen sich die Bevölkerung vermehrt, nicht die Perioden eines absolut hohen Lebensstandards. Das scheint mir in guter Übereinstimmung mit den Erfahrungen der Vergangenheit.

Bei der *1. Variante* dieser Grundhypothese setzen wir die Wachstumsrate der Bevölkerung $\frac{\dot{N}}{N}$ proportional der relativen Abweichung des jetzigen Konsums pro Kopf $\frac{C}{N}$ vom konventionellen Existenzminimum oder besser: dem als normal angesehenen Lebensstandard. Letzterer ist aber gleich dem tatsächlichen Konsum pro Kopf vor ϑ Perioden. Somit haben wir

$$\frac{\dot{N}_t}{N_t} = a \cdot \frac{\left(\frac{C}{N}\right)_t - \left(\frac{C}{N}\right)_{t-\vartheta}}{\left(\frac{C}{N}\right)_{t-\vartheta}} \tag{3.3}$$

$a > 0$ ein Proportionalitätsfaktor

ϑ Verzögerung der Anpassung des konventionellen Existenzminimums (in Jahren).

Bei der *2. Variante* wird der Proportionalitätsfaktor a in (3.3) nicht als konstant, sondern als umgekehrt proportional zur Höhe des Konsums pro Kopf betrachtet, d. h. man setzt in (3.3)

$$a = a_t = \frac{a_o}{\left(\frac{C}{N}\right)_t} \ . \tag{3.4}$$

Der Grund ist, daß mit höherem Lebensstandard normalerweise Wissen und Bildung zunehmen und die Neigung, eine große Familie aufzuziehen, abnimmt, so daß die relativ gleiche Abweichung des tatsächlichen Lebensstandards von dem als normal angesehenen einen geringeren Einfluß auf das Bevölkerungswachstum hat.

Setzt man (3.4) in (3.3) ein, so erhält man als Bevölkerungsgesetz für diese 2. Variante:

$$\frac{\dot{N}_t}{N_t} = a_o \left(\frac{1}{\left(\frac{C}{N}\right)_{t-\vartheta}} - \frac{1}{\left(\frac{C}{N}\right)_t}\right) , \tag{3.5}$$

$a_0 > 0$ ein Proportionalitätsfaktor, der die „Bevölkerungsweise" angibt.

(3.5) kann man wie folgt interpretieren: die Wachstumsrate der Bevölkerung wird proportional der Differenz von als normal angesehener Bevölkerungszahl pro Konsumeinheit und tatsächlicher Bevölkerungszahl pro Konsumeinheit angesehen.

Nun brauchen wir eine *Konsumfunktion*. In Anlehnung an kürzliche Arbeiten von *Stone* über die Gestalt der Konsumfunktion[10] setzen wir

---

[10] *Stone*, Richard and *Brown*, Allen, Behaviour and Technical Change in Economic Models, International Congress on Economic Development, Wien 1962, S. 2 ff.

den Konsum pro Kopf aus einem konstanten, d. h. einkommensunabhängigen Teil E (E = Existenzminimum) und einem einkommensabhängigen Teil zusammen. Bei letzterem wird angenommen, daß immer ein bestimmter Bruchteil c des nach Abzug der Ausgaben für den starren Konsum E noch verbleibenden Einkommens pro Kopf $\frac{Y}{N}$ verbraucht wird. Man hat also die Konsumfunktion

$$(3.6) \qquad \left(\frac{C}{N}\right)_t = E + c\left[\left(\frac{Y}{N}\right)_t - E\right]$$

$$= c\left(\frac{Y}{N}\right)_t + (1-c)\,E \quad ,$$

$c > 0$ ein Proportionalitätsfaktor (Grenzhang zum Konsum).

Das ist offensichtlich eine Keynes'sche Konsumfunktion, die, weil im Zuge des wirtschaftlichen Wachstums E gegenüber $\frac{Y}{N}$ stets relativ unbedeutender wird, gut mit der Erfahrung übereinstimmt.

Die *Nettoinvestition* I ist gleich der Zunahme des Kapitalstocks $\dot{K}$. Erstere ergibt sich daraus, daß der nicht verbrauchte Teil des Sozialprodukts investiert wird:

$$(3.7) \qquad I_t = \dot{K}_t = (1-c)\,(Y_t - E \cdot N_t) \ .$$

Dann gilt nach (3.6) und (3.7)

$$(3.8) \qquad Y_t = C_t + I_t \ ,$$

wie es sein muß.

(3.1), (3.2), (3.3) oder (3.5), (3.6) und (3.7) bilden ein nichtlineares gemischtes Differenzen-Differential-Gleichungssystem in den Variablen Y, N, K, w, C. Es wurde numerisch für gewisse plausible Wertekombinationen der auftretenden Parameter gelöst.

4. Die numerische Lösung des Systems

Mit Unterstützung des Instituts für Angewandte Mathematik der Universität Bonn, dem ich an dieser Stelle sehr herzlich danken möchte, war es möglich, die numerischen Lösungen zu erhalten[11]. Die zugrunde gelegten Werte der Parameter sind aus der folgenden Liste zu ersehen.

---

[11] Die Programmierung und praktische Rechnung stammt von Herrn Dipl.-Math. Fuß vom Institut für Angewandte Mathematik der Universität Bonn, dem ich ebenfalls für die große Mühe und Sorgfalt bei allen Rechnungen und die verständnisvolle Zusammenarbeit danke. Die Rechnungen wurden zuerst auf der IBM 7090 des Deutschen Rechenzentrums in Darmstadt und später, nachdem die gleiche Maschine im Institut für Angewandte Mathematik in Bonn arbeitsbereit war, in Bonn durchgeführt.

Gerechnete Kombinationen

ϑ	$= \begin{cases} 10 \\ 5 \end{cases}$ Jahre	Anpassungsverzögerung des konventionellen Lebensstandards
E	$= \begin{cases} 0{,}95 \\ 1 \end{cases}$	Existenzminimum, minimaler Konsum pro Kopf
Θ	$= \begin{cases} 0 \\ 0{,}01 \end{cases}$	Rate des autonomen technischen Fortschritts; außerdem werden für gewisse Kombinationen der anderen Parameter auch Zeitreihen für $\Theta = 0{,}001$, $\Theta = 0{,}002$ usw. gerechnet
c	$= \begin{cases} 0{,}8 \\ 0{,}9 \end{cases}$	Grenzhang zum Konsum
a bzw. a_0	$= \begin{cases} 0{,}05 \\ 0{,}1 \end{cases}$	Proportionalitätsfaktor in der Bevölkerungsfunktion
g	$= \begin{cases} 0{,}5 \\ 1 \end{cases}$	Proportionalitätsfaktor beim Einfluß des Kapitalbestandes auf den technischen Fortschritt

α und β =	$\alpha = 0{,}6$; $\beta = 0{,}25$	abnehmende Skalenerträge	Koeffizienten der Cobb-Douglas-Funktion
	$\alpha = 0{,}6$; $\beta = 0{,}30$		
	$\alpha = 0{,}6$; $\beta = 0{,}35$		
	$\alpha = 0{,}65$; $\beta = 0{,}30$		
	$\alpha = 0{,}70$; $\beta = 0{,}25$		
	$\alpha = 0{,}70$; $\beta = 0{,}30$	konstanter Skalenertrag	

Die Ausgangswerte waren $N_0 = 1$

$Y_0 = 1$

$K_0 = 1$

Damit ergibt sich der Proportionalitätsfaktor $b = \dfrac{Y_o}{N_o^\alpha \, K_o^\beta} = 1$ in der Cobb-Douglas-Funktion.

Da die Lösung nicht nur von den Ausgangswerten zum Zeitpunkt 0 sondern auch von der „Geschichte“ aller Variablen *vor* diesem Zeitpunkt bis ϑ Jahre zurück abhängt (es handelt sich ja um ein gemischtes *Differenzen*-Differentialgleichungssystem), müssen über diese „Geschichte“ ebenfalls Annahmen gemacht werden.

Es wurden zwei Fälle behandelt

Vorlauf =
- konstant: es wurde angenommen, daß alle Größen ϑ Jahre vorher auf dem gleichen Niveau waren wie im Zeitpunkt 0
- steigend: es wurde ein schwaches, aber gleichbleibendes Wachstum von der Rate

$$w = 0{,}5\,\frac{(\dot{\frac{K}{N}})_t}{(\frac{K}{N})_t} + \Theta$$ vorausgesetzt, so daß alle Größen im Zeitpunkt 0 die Ausgangswerte gerade erreichen.

Alle oben genannten Kombinationen wurden nun sowohl für die 1. Variante der Bevölkerungshypothese (Gleichung (3.3)) als auch für die 2. Variante (Gleichung (3.5)) durchgerechnet. Pro Variante ergibt das $6 \cdot 2^7 = 768$ Fälle; insgesamt wurden also 1536 Wachstumspfade errechnet (in Wirklichkeit mehr, da einzelne interessierende Sonderfälle noch eingeschlossen wurden). Jede Rechnung wurde solange fortgeführt, bis die interessierenden Gesetzmäßigkeiten zu Tage traten bzw. bis die Kapazität der Rechenmaschine die Einstellung der Rechnung erzwang. Die Rechnungen liefen daher unterschiedlich lange; z. T. erfassen sie einen Zeitraum von 200 Jahren, z. T. 1000, z. T. aber auch über 2000 Jahre.

Es ist unmöglich, die ganze Fülle der Information, die in diesen Tabellen vorliegt, hier auszubreiten. Die wesentlichen *Ergebnisse* sind die folgenden.

Die Varianten 1 und 2 der Bevölkerungshypothesen führen qualitativ zu den gleichen Ergebnissen, wenn auch quantitativ ein recht erheblicher Unterschied besteht.

Wir stellen die Ergebnisse daher an Hand der *Variante 2* der Bevölkerungshypothese vor, d. h. mit (3.5) statt (3.3) im System. Diese Hypothese, nach der die Rate des Bevölkerungswachstums bei einer gleichen relativen Steigerung des Konsums pro Kopf, aber höherem Lebensstandard geringer ist als bei niedrigerem Lebensstandard, erscheint sehr viel plausibler. Auf die Abweichungen, die sich bei der Variante 1 ergeben, gehen wir später ein.

1. Fall: Setzen wir $E = 1$ und $\Theta = 0$ und nehmen konstanten Verlauf an, so ist und bleibt die Wirtschaft und die Bevölkerung stationär: eine Entwicklung setzt gar nicht erst ein. Das ist selbstverständlich. $E = 1$ heißt bei unseren Ausgangswerten, daß das gesamte Sozialprodukt als Existenzminimum zur Unterhaltung der Bevölkerung benötigt wird. Die Investition ist null. Da dies in der relevanten Periode immer schon so war (konstanter Vorlauf) und da es keinen autonomen technischen Fortschritt gibt ($\Theta = 0$), können sich die Bevölkerung und die Produktion aus diesem „Elendsgleichgewicht" nicht erheben. Der circulus vitiosus der Armut hält diese Gesellschaft gefangen.

2. Fall: Bei E = 1 und Θ = 0 und *steigendem Vorlauf* gibt es eine vorübergehende minimale Zunahme der Bevölkerung, der aber bald ein ständiger Bevölkerungs- und Kapitalschwund folgt *Abb. 4* zeigt als Beispiel die Entwicklung von Bevölkerung N, Kapital K und Konsum pro Kopf $\frac{C}{N}$ für die Kombination E = 1, Θ = 0, c = 0,8, α = 0,6, β = 0,25, a = 0,05. Die Erklärung ist einfach. Durch den steigenden Vorlauf wächst zunächst noch die Bevölkerung (wenn auch ganz schwach). Da das Existenzminimum dieser gewachsenen Bevölkerung durch die laufende Produktion nicht gedeckt ist, muß desinvestiert werden: der Kapitalbestand sinkt. Damit nimmt aber dann auch die Produktion kaum mehr zu und schließlich ab. Dann sinkt aber auch der Konsum pro Kopf, und damit nimmt die Bevölkerung ab. Wir haben also einen durch Übervölkerung bedingten laufenden Kapitalverzehr, der dann die Lebensmöglichkeiten der Bevölkerung stets reduziert, so daß die Bevölkerung immer abnimmt — aber nie genug, um dem Kapitalverzehr Einhalt zu gebieten und damit einen stationären Zustand zu erreichen.

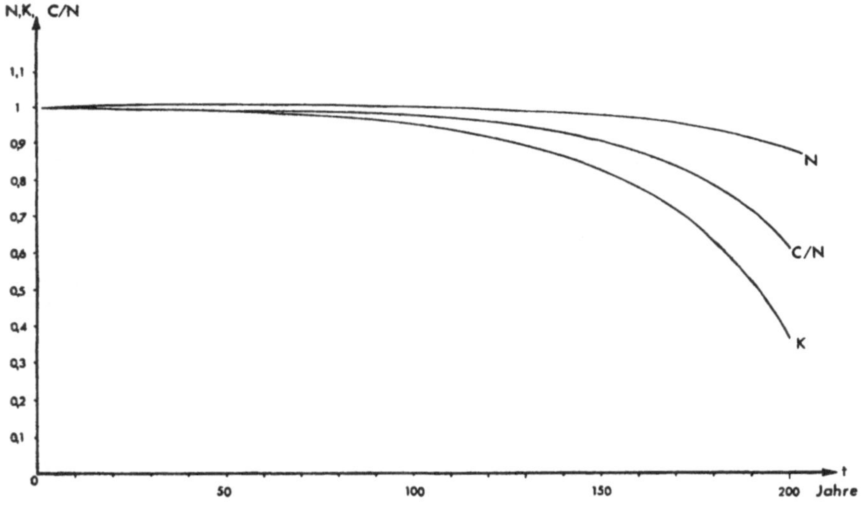

Abbildung 4

Diese beiden Fälle 1 und 2 können wir als uninteressant ausschließen.

Dann bleibt der

3. Fall, der alle übrigen Kombinationen enthält und uns hier allein interessiert. Hier haben wir den eigentlichen Wachstumsfall vor uns. Da alle Größen steigen, verliert eine absolute Größe wie das minimale Konsumniveau E schnell an Bedeutung: die Wachstumspfade sind ziemlich gleich, ob wir nun E = 1 oder E = 0,95 wählen. Infolgedessen stellen wir die Ergebnisse für E = 0,95 dar. Ebenso ist es auch ziemlich gleichgültig, ob wir konstanten oder steigenden Verlauf annehmen: das Ergebnis wird davon kaum beeinflußt. Wir geben in den Graphiken da-

Variante 2 der Bevölkerungsfunktion

Alle Kurven: konstanter Verlauf; E = 0,85; $\alpha = 0{,}65$; $\beta = 0{,}30$; $\vartheta = 10$; c = 0,8

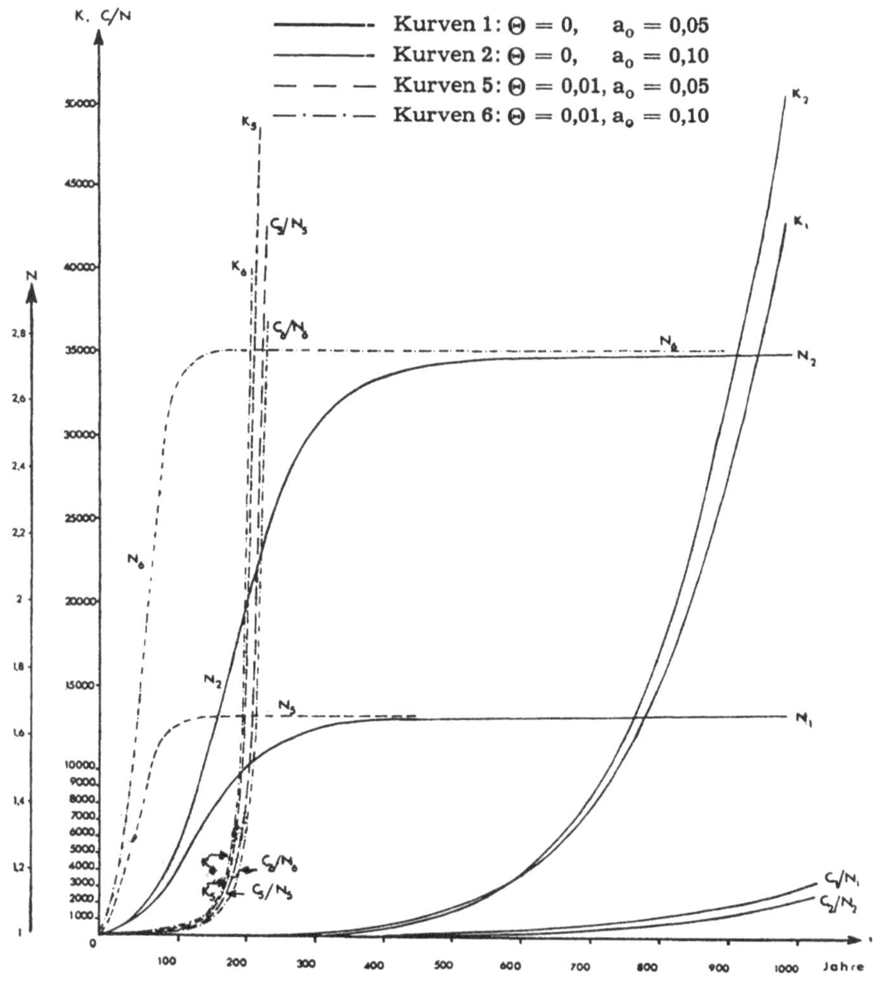

Abbildung 5

her überall die Ergebnisse für konstanten Verlauf, d. h. wir lassen das Wachstum aus dem stationären Zustand beginnen.

Der übereinstimmende Zug aller Lösungen ist (vgl. in Fig. 5 z. B. eine Kurvenschar, etwa die dick ausgezogenen Linien Bevölkerung N_1, Kapitalbestand K_1 und Lebensstandard C_1/N_1): zunächst steigt die Bevölkerung und (ein wenig) der Kapitalbestand. Dann läßt das Bevölkerungswachstum nach, und die Bevölkerungszahl nähert sich einem konstanten Endniveau an. Jetzt, bei nachlassendem Bevölkerungswachstum, steigt der Kapitalbestand und darauf auch der Lebensstandard. An dem sehr steilen Anstieg von Kapital und Lebensstandard in *Abb.* 5 darf man sich nicht stoßen; er ist ausschließlich maßstabsbedingt. Als jährliche Wachstumsrate ausgedrückt, ist der Anstieg sehr gering. Darüber später mehr. Auf was es hier zunächst ankommt, ist die Tatsache, daß es in *keinem* Fall zu einer ausweglosen Bevölkerungslawine kommt, sondern daß die Bevölkerungszahl in der Form einer logistischen Kurve ein konstantes Endniveau erreicht.

Sehen wir uns nun die Gesetzmäßigkeiten an Hand der Fig. 5 etwas genauer an. Abb. 5 hat aus graphischen Gründen zwei Ordinatenmaßstäbe. Alle Kurven gelten für die gleiche Cobb-Douglas-Funktion mit $\alpha = 0{,}65$ und $\beta = 0{,}30$, also für abnehmende Skalenerträge. Es ist $E = 0{,}95$, d. h. das Existenzminimum ist in der Ausgangssituation schon geringer als das Sozialprodukt pro Kopf; die Verzögerung der Anpassung des konventionellen Lebensstandards beträgt $\vartheta = 10$ Jahre. Die eingezeichneten vier Sätze von Lösungen für N, K und C/N für verschiedenen Parameterwerte von Θ und a demonstrieren folgendes Ergebnis aller Rechnungen:

1. Die Bevölkerung erreicht asymptotisch ein konstantes Niveau.
2. Dieses Niveau hängt wesentlich von dem Fortpflanzungsparameter a_0 der Bevölkerungsfunktion (3.5) ab: je größer a_0, umso höher das Endniveau;
3. Es wird aber von der Existenz eines autonomen technischen Fortschritts Θ praktisch nicht berührt: ob die Menschheit stets neue Erfindungen macht oder nicht, beeinflußt das *End*niveau der Bevölkerung nur wenig.
4. Dagegen hängt die Schnelligkeit, mit der dieses Endniveau erreicht wird, wiederum davon ab, wie groß der autonome technische Fortschritt ist.
5. Ebenso wird die Kapitalakkumulation und die Entwicklung des Konsumniveaus ganz wesentlich von der Größe des autonomen technischen Fortschritts Θ beeinflußt: je größer Θ, umso eher und umso schneller steigen der Kapitalbestand und der Lebensstandard.

Entsprechende Figuren zeigen

6. Eine höhere Konsumneigung ($c = 0{,}9$) läßt Bevölkerung, Lebensstandard und Kapital *langsamer* steigen. Dabei erreicht die Bevölkerung das gleiche Endniveau, wenn auch langsamer; die Kapitalakkumulation geht *sehr* viel langsamer, der Lebensstandard steigt *sehr* gering. Die Investition ist eben der Motor der Entwicklung; mit höherem Konsum bereichert sich die jetzige Generation auf Kosten der kommenden, und das wirkt sich säkular beträchtlich aus.

7. Eine schnellere Angleichung des konventionellen an den laufenden Lebensstandard (z. B. $\vartheta = 5$ statt $\vartheta = 10$) wirkt ziemlich genau wie eine Erniedrigung der Fortpflanzungskoeffizienten a_0 (z. B. $a_0 = 0{,}05$ statt $a_0 = 0{,}1$). Bei gleichem a_0 bewirkt ein kleineres ϑ ein niedrigeres Endniveau der Bevölkerungszahl; der Einfluß auf den Kapitalbestand und den Lebensstandard ist gering.

8. Ebenso ist der Einfluß von Änderungen der Koeffizienten der Cobb-Douglas-Funktion auf die Bevölkerungsentwicklung ganz gering. Höhere α und β lassen dagegen den Kapitalbestand und das Konsumniveau stärker wachsen, wobei insbesondere der Koeffizient β eine bedeutende Wirkung ausübt.

Die *Variante 1* der Bevölkerungsfunktion führt zu den gleichen Gesetzmäßigkeiten, sie bewirkt aber ein stärkeres Ansteigen vor allem der Bevölkerung, in geringerem Maße auch von Kapital und Lebensstandard. Oft läßt das Wachstum von Bevölkerung, Kapital und Lebensstandard in 1000 Jahren noch nicht fühlbar nach. Man hat sich sozusagen Fig. 5 so vergrößert vorzustellen, daß bis 1000 Jahre nur die aufsteigenden Teile aller Kurven sichtbar sind. Aber auch hier ist, wie man an der Entwicklung der Wachstumsraten sieht (vgl. z. B. *Abb.* 7 unten), bei fast allen Parameterkombinationen eine ähnliche asymptotische Entwicklung wie in Fig. 5 festzustellen. Für die wenigen Parameterkombinationen, für die das im betrachteten Zeitraum nicht zutrifft, ist zu vermuten, daß die gleiche Entwicklung *später* einsetzt. Da die elektronische Rechenmaschine aber dann „überläuft" (d. h. die absoluten Werte von Sozialprodukt etc. werden zu groß), ist dies nicht durch einfaches „Weiterrechnen" festzustellen. Trotzdem darf man wohl davon ausgehen, daß auch die Variante 1 der Bevölkerungsfunktion zu keinen prinzipiellen Schwierigkeiten führt.

Die *Abbildungen 6 und 7* zeigen an einigen Beispielen, wie sich die Wachstumsraten von Bevölkerung, Kapital, Sozialprodukt und Lebensstandard sowohl bei der *Variante 2* der Bevölkerungsfunktion (Abb. 6) als auch bei der *Variante 1* (Abb. 7) bei allen interessierenden Parameterkombinationen verhalten.

Variante 2 der Bevölkerungsfunktion

Parameterwerte wie Fig. 5

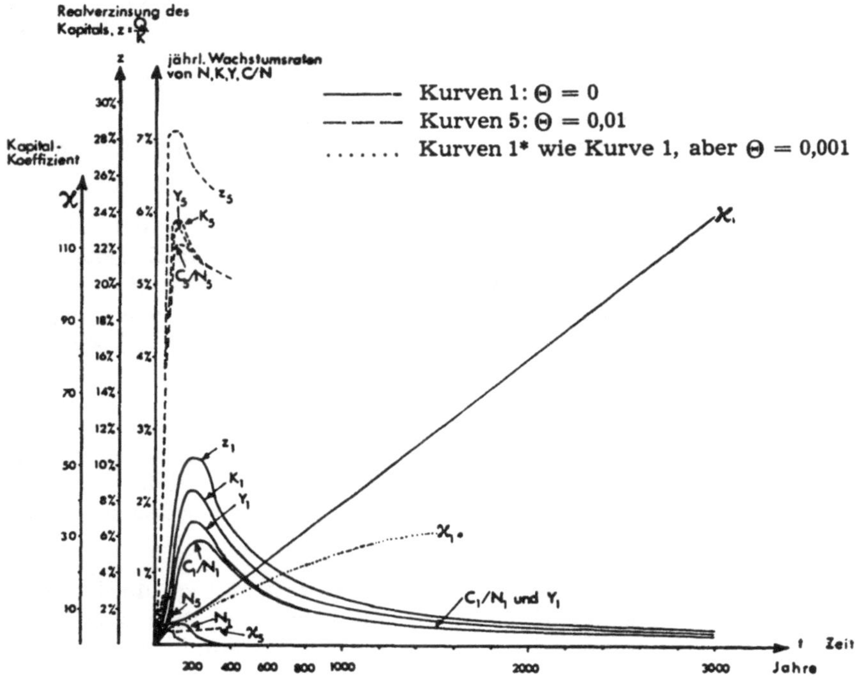

Abbildung 6

Variante 1 der Bevölkerungsfunktion

Alle Kurven: konstanter Verlauf; E = 0,95; α = 0,6; β = 0,35; ϑ = 10; c = 0,8; a = 0,05

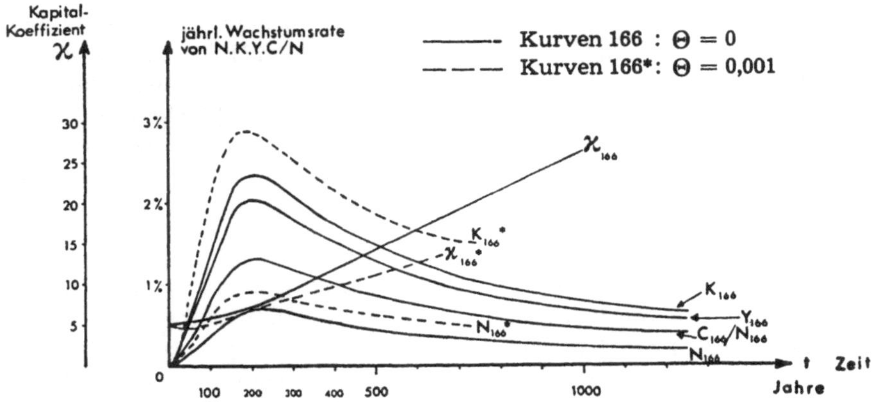

Abbildung 7

Man betrachte zunächst *Abb. 6*. Hier sind zunächst die Wachstumsraten von Bevölkerung N, Sozialprodukt Y, Kapitalbestand K und Lebensstandard C/N für die Parameterkombinationen der Kurven 1 (ausgezogene Linien) und 5 (gestrichelte Linien) der Abb. 5 dargestellt. Bei den Kurven 1 wurde kein autonomer technischer Fortschritt angenommen ($\Theta = 0$), bei den Kurven 5 ein autonomer technischer Fortschritt von 1 % im Jahr ($\Theta = 0{,}01$). Man sieht, daß die Wachstumsraten der Bevölkerung (N_1 bzw. N_5) gerade der Fucks'schen Hypothese entsprechen (vgl. Abb. 2), nämlich von Null zunächst auf ein Maximum anwachsen und dann wieder in derselben Form auf Null zurückgehen. Ein autonomer technischer Fortschritt läßt die Bevölkerung stärker wachsen; das Wachstum hält aber nur kürzere Zeit an, als wenn es keinen autonomen technischen Fortschritt gäbe.

Alle übrigen Wachstumsraten verhalten sich nach dem folgenden Schema: zunächst gibt es einen steilen Anstieg, dann fallen sie langsam asymptotisch wieder auf Null zurück (jedenfalls für $\Theta = 0$). Die größten Wachstumsraten hat dabei der Kapitalbestand, dann folgt das Sozialprodukt, dann der Lebensstandard. Bei autonomem technischen Fortschritt (z. B. $\Theta = 0{,}01$ wie bei den Kurven 5) steigen die Wachstumsraten schnell auf viel höhere Werte und fallen viel langsamer ab. Leider ließ sich die Art des Rückganges wegen des „Überlaufens" der Rechenmaschine nicht im einzelnen verfolgen. Es ist aber wohl nicht daran zu zweifeln, daß die Gesetzmäßigkeiten qualitativ die gleichen bleiben.

Abb. 7 zeigt an einem Beispiel, daß das (bis auf die Wachstumsraten der Bevölkerung) auch für die 1. Variante der Bevölkerungsfunktion zutrifft. Die Bevölkerungsentwicklung ist allerdings anders (vgl. die Kurven N_{166} und N_{166}^*). Die Bevölkerungs-Wachstumsrate geht nicht wie bei der 2. Variante (Abb. 6) schnell wieder auf Null zurück, sondern sinkt nur sehr langsam ab, ähnlich wie die Wachstumsraten von Kapital, Sozialprodukt und Lebensstandard. Wir haben also eine ständige, wenn auch stets abnehmende Steigerung der Bevölkerung, nachdem das Maximum einmal überschritten ist.

Da es ohne großen Rechenaufwand möglich war, wurde auch die Entwicklung des *Kapitalkoeffizienten* und der *Realverzinsung des Kapitals* gleich mit untersucht. Es zeigte sich (vgl. Abb. 6 und 7), daß der *Kapitalkoeffizient* $\varkappa$ ohne autonomen technischen Fortschritt zunächst (d. h. die ersten 50 Jahre etwa) praktisch konstant bleibt, dann aber anfängt zu steigen und am Ende linear mit der Zeit ansteigt. Der autonome technische Fortschritt bremst diesen Anstieg, so daß er asymptotisch einer Endgröße zustrebt; zugleich sinkt er aber zu Anfang leicht. Der Endwert des Kapitalkoeffizienten ist umso geringer, je größer der autonome technische Fortschritt ist. Das ist auch intuitiv vollkommen einsichtig:

der autonome technische Fortschritt bewirkt eben eine Zunahme der Produktivität des Kapitals, also eine Abnahme des Kapitalkoeffizienten.

Die *Realverzinsung* z des *Kapitals* ist für eine Wirtschaftsentwicklung gemäß den Kurven 1 und 5 aus Abb. 6 zu ersehen. Dabei wurde $z = \frac{Q}{K}$ berechnet (Q = Gewinne, K = Kapitalbestand), wobei die Gewinne Q gleich dem nichtverbrauchten Teil des Sozialprodukts angenommen wurden. Man sieht an Abb. 6, wie die durchschnittliche Profitrate (die man mit der Realverzinsung des Kapitals identifizieren darf) die Bewegungen der Wachstumsraten von Sozialprodukt und Kapital getreulich mitmacht: zunächst steigt sie, dann aber fällt sie unaufhaltsam, zuerst relativ schnell, dann langsamer weiter ab. Das trifft auch zu, wenn wir einen autonomen technischen Fortschritt annehmen. Allerdings ist dann die Profitrate absolut erheblich höher (z. B. im Maximum 28 % bei den Parameterwerten der Kurven 5 mit einer Rate des autonomen technischen Fortschritts von 1 % (vgl. Kurve z_5) gegenüber 8 % ohne autonomen technischen Fortschritt (vgl. Kurve z_1); man beachte, daß für z ein gesonderter Ordinatenmaßstab in Abb. 6 gezeichnet wurde!). Das Ricardianisch-Marxsche Gesetz der fallenden Profitquote zeigt sich auch hier. Wenn dieser Umstand der Wirtschaftsentwicklung nicht schon vorher eine Grenze setzen soll, bevor es die allgemeinen Gesetzmäßigkeiten der Entwicklung ohnehin (asymptotisch jedenfalls) tun, so muß offensichtlich das Risiko der privaten Wirtschaftstätigkeit parallel mit den fallenden Profiten reduziert werden: die Welt muß friedlicher, die Rechtssicherheit größer, die Konjunkturschwankungen müssen geringer, die wirtschaftlichen Einheiten größer und umfassender werden, damit ein Risikoausgleich möglich ist. Doch das sind nicht unsere Sorgen, sondern die späterer Generationen.

Damit sind die wichtigsten Ergebnisse der Auswertung des Modells vorgetragen. Was folgt nun daraus für die Zukunft, wenn wir die 2. Variante der Bevölkerungshypothese als die wahrscheinlichere zugrunde legen? Ob wir nun ein langsames Erlöschen des autonomen technischen Fortschritts annehmen (wozu Beckmann neigt und was auch, wenn kein „Durchbruch" in einen ganz neuen Wissensbereich gelingt, sehr wahrscheinlich ist) oder ob wir an einen ständigen technischen Fortschritt glauben: in jedem Fall überschreitet die Bevölkerung eine obere Schranke nicht. Der Lebensstandard wird weiter steigen, aber immer langsamer; dafür erhöht sich dann der Kapitalkoeffizient. Erst eine neue technische (oder geistige) Revolution, die die autonome Fortschrittsrate wieder erhöht, oder eine neue Bevölkerungsweise kann dann durch einen erneuten Anstoß das System aus dem quasistationären Gleichgewicht herausreißen und (ähnlich wie die industrielle Revolution jetzt) einen neuen Äon einleiten.

FSC
www.fsc.org
MIX
Papier | Fördert
gute Waldnutzung
FSC® C083411

Kolibri 360 GmbH
Ferdinand-Jühlke-Straße 7
99095 Erfurt, Deutschland
produktsicherheit@kolibri360.de

Druck:
CPI Druckdienstleistungen GmbH
im Auftrag der
Kolibri 360 GmbH
Ferdinand-Jühlke-Str. 7
99095 Erfurt